Crise financière et économique internationale

Taladidia THIOMBIANO
Gountiéni D. LANKOANDE
Noël THIOMBIANO
Jean SANON

Crise financière et économique internationale :

Analyses théoriques et empiriques et implications pour le continent africain

L'Harmattan

Du même auteur

Économétrie des modèles dynamiques,
L'Harmattan, 2002.

Économie de l'environnement et des ressources naturelles,
L'Harmattan, 2004.

5-7, rue de l'École-Polytechnique ; 75005 Paris
http://www.librairieharmattan.com
diffusion.harmattan@wanadoo.fr
harmattan1@wanadoo.fr
ISBN : 978-2-296-11412-8
EAN: 9782296114128

AVANT-PROPOS

Dans le présent travail, les auteurs ont voulu analyser à chaud, dès son déclenchement, les différentes péripéties de la crise financière. C'est pourquoi, il peut apparaître un décalage entre certains faits et la réalité actuelle. Ils n'ont pas voulu modifier leurs propos tenus dans le courant du dernier trimestre 2008 et le premier trimestre 2009, période au cours de laquelle cet ouvrage a été écrit mais que la disponibilité des auteurs n'a pas permis de publier comme ils l'auraient souhaité dès le mois de juillet courant.

La démarche que les auteurs ont adoptée a été celle de la confrontation des faits à la théorie et de la théorie aux faits dans un contexte multidimensionnel (Histoire, Science politique, économétrie, etc.). En somme, dans une approche socioéconométrique.

Cette multidimensionnalité a donné l'opportunité aux auteurs d'expliquer historiquement les causes de la crise financière et son débouché inéluctable vers une crise de l'économie réelle. Dans le même temps, ils ont donné un éclairage immédiat sur les conséquences de cette crise sur les économies africaines, ses effets de transmission à la fois sur l'économie financière et l'économie réelle. Toutefois, l'objet de cet écrit ne porte pas spécifiquement sur l'Afrique. Lorsque ce continent est évoqué, c'est pour faire un parallèle avec les mesures prises par les pays développés afin d'en tirer des leçons.

Deux théories ont été particulièrement mises en exergue pour faire comprendre à la fois les origines de la crise et aussi les politiques économiques prises par les pays occidentaux pour la juguler ; il s'agit de la théorie de J. M. Keynes et celle de M. Friedman. La caractéristique commune de ces deux auteurs étant qu'ils sont tous des libéraux mais dans une approche différente. L'approche a consisté à la fois à voir la théorie à laquelle les politiques économiques se référaient et quelles pourraient en être les conséquences à la fois financière, budgétaire, monétaire, économique et sociale. Au plan social, il est apparu très tôt que comme en 1929, le chômage va constituer un dilemme entre relance économique et emploi. Par ailleurs, l'attention a été attirée sur la contradiction qui est apparue entre les recommandations de politiques économiques qui étaient faites aux pays africains dans le cadre des Programmes d'Ajustement structurel et les politiques interventionnistes au lendemain de la crise financière dans les pays industrialisés.

Les auteurs ont voulu à travers cette réflexion être les témoins privilégiés d'un fait économique dont ils avaient entendu parler et qu'ils enseignent sans le vivre. Le constat pour eux a surtout été le vide scientifique qui existe au plan africain face à des chocs de cette nature, qu'ils soient conjoncturels ou structurels. Si les pays développés ont pu puiser dans leur arsenal théorique, Keynes, Friedman et on en passe, pour amoindrir les chocs, il n'en a pas été de même pour l'Afrique. Il existe un vide théorique qui ne permet pas d'orienter sérieusement nos décideurs. Ce constat n'est pas démenti par le peu d'écrits d'économistes africains sur le sujet, comme si le monopole de l'analyse devrait être réservé à ceux du Nord.

Encore une fois, les auteurs attirent l'attention du lecteur quant au décalage qu'il peut y avoir entre le contenu de l'ouvrage et l'évolution récente de la crise. Le champ de l'analyse couvre principalement le début de la crise au premier trimestre 2009.

Le souhait de ce travail est qu'il serve aux enseignants d'économie, aux décideurs et aux économistes africains, les chercheurs pour qu'à l'avenir, face à de telles situations, les réactions et les mesures soient plus énergiques.

Taladidia THIOMBIANO

SOMMAIRE

INTRODUCTION

Il ne s'agit pas d'un « jeudi noir de 1929 », mais d'un « lundi noir de 2008 », où le monde entier semblait être surpris de l'annonce d'une grave crise financière dont les conséquences pourraient être aussi désastreuses que celle de 1929. En réalité, le processus couvait depuis un certain temps et l'éclatement de la bulle ces jours-ci n'a été que l'effet de trop plein de cette bulle. Il faut se rappeler que depuis deux décennies, le cours de la finance internationale n'est qu'une succession de crises dont les principales sont : 1987, krach boursier ; 1990, crise immobilière aux Etats-Unis, en Europe et au Japon ; 1994, crise obligataire américaine ; 1997-1998, crise financière internationale ; 2000-2002, krach internet ; 2007-2008, crise immobilière ; 2008-2009, crise financière et tendance vers une crise économique internationale.

Au regard de ces crises répétitives, on peut dire qu'il y avait des signes annonciateurs d'une crise mondiale beaucoup plus grave que les précédentes. En dépit de tout, les politiques économiques ont continué à se fonder sur les théories néolibérales et monétaristes de Friedman, prix Nobel d'Economie. Les fondements de Friedman, outre qu'ils privilégient la monnaie comme dynamique économique, recommandent la non intervention de l'Etat dans la régulation de la masse monétaire. C'est la doctrine du « laissez faire, laissez aller » ; et c'est dans ce contexte scientifique qu'a évolué le système financier international et de façon générale, l'économie mondiale depuis les années 80.

Mais avant tout développement, il est important de définir ce que l'on entend par le terme « crise ».

Utilisé fréquemment dans les titres d'articles, de livres, d'émissions radiodiffusées ou télévisées, le terme « crise » retient tout particulièrement l'attention du monde de nos jours. Bien que précis, la lecture de la littérature actuelle montre qu'il est utilisé tous azimuts. En effet, le mot "crise" est employé dans certains cas pour un incident apparemment conjoncturel, résolu en un temps très court, et, dans d'autres, pour désigner un phénomène qui dure des années et serait donc incontestablement structurel. Cette utilisation du même mot pour désigner des temporalités aussi différentes illustre tout simplement la

signification de moins en moins précise donnée au terme en question qui désigne pourtant des situations relativement précises.
Selon les trois sens donnés au mot " crise " dans le dictionnaire français Robert (2007), on retrouve un dénominateur commun : le mot s'applique à des périodes courtes. Dans le premier sens, médical, la crise est le " moment d'une maladie caractérisé par un changement subit et généralement définitif, en bien ou en mal ". La crise est alors la manifestation aiguë d'une maladie, crise d'appendicite, crise d'asthme, crise de foie, crise cardiaque...

Dans le deuxième sens qui est en quelque sorte une extension du sens médical, la crise est une " manifestation émotive soudaine et violente " (crise de fou rire, crise de nerfs, crise de colère...).
Dans son troisième sens apparu vers 1690, une crise est une " phase grave dans l'évolution des choses, des événements, des idées ". C'est un moment d'extrême tension, de paroxysme, de conflit, de changement, intervenant lorsque les régulations et rétroactions des systèmes politiques ou géopolitiques ne suffisent plus ou ne jouent plus. Quelle que soit l'intensité qu'on lui prête ou qu'elle a réellement, il faut retenir qu'une telle crise ne peut se pérenniser, qu'elle soit politique, géopolitique ou économique.

Une crise politique interne est un conflit qui affecte les dirigeants d'un Etat, la nature de ses institutions, ou son régime de société : elle débouche sur un remaniement gouvernemental, sur un changement de gouvernement si le précédent s'est senti contraint de démissionner, sur des adaptations constitutionnelles, ou sur un changement de régime. Quant à la crise géopolitique, elle provient d'un conflit dans les relations entre deux ou plusieurs Etats, entre une organisation internationale et un ou plusieurs Etats, ou entre deux ou plusieurs organisations internationales. Elle peut se terminer soit par la volonté de trouver un accord entre les protagonistes, soit par des sanctions à l'encontre d'un Etat (suspension ou exclusion d'une organisation internationale), ou, au pire, déboucher sur un conflit armé.

Au plan économique, stricto sensu, une crise économique désigne l'arrêt de la croissance, le moment où la conjoncture se retourne. Elle correspond à une période de ralentissement de l'activité économique, caractérisée notamment par une forte baisse de la production. Lorsqu'elle est aiguë, la crise économique correspond au détonateur de la dépression.

De manière analogue, on définit la crise financière comme un disfonctionnement du système financier caractérisé notamment par l'incapacité des institutions à jouer leur rôle d'intermédiaire (financement de l'économie).

Selon les marxistes, les crises économiques sont inscrites dans le principe même du système capitaliste. Pour les libéraux, l'activité économique n'étant pas régulière et connaissant des mouvements variés, l'apparition d'une crise est dans la nature des choses : ainsi, la formidable croissance économique des Etats-Unis dans les années 1990 ne pouvait pas perdurer (elle devenait exponentielle) sans réajustement supposant un temps de ralentissement, donc une crise née de la nature même des choses. La consolation du caractère inévitable des crises économiques provient justement de son caractère temporaire (Dumont, 2008).

Au regard de ces définitions, il apparaît que la crise financière porte sur l'économie monétaire. Peut-il y avoir des implications ou des prolongements sur l'économie réelle ?

Les précédentes définitions portant à la fois sur la crise financière et la crise économique nous montrent la dimension du problème et toutes les conséquences financière, économique et sociale auxquelles le monde devrait s'attendre.

Le problème général qui se pose, est l'identification des véritables causes de la crise. En d'autres termes, quels sont les déterminants de la présente crise financière ?
A la lumière des expériences passées, les causes sont à la fois d'ordre théorique et doctrinal.

Au plan théorique, il y a lieu de s'interroger sur les théories fondamentales qui ont conduit à cette crise ; et ensuite de se demander, quel en était le soubassement doctrinal ? Et enfin, de voir quelles seront les conséquences sur les économies africaines ?

La préoccupation essentielle de ce travail est de faire un diagnostic de la crise et ses prolongements. De façon précise, la réflexion vise à établir le lien de causalité entre théorie économique et politiques économiques ; à montrer la neutralité relative de la théorie économique par rapport aux positions sociales ; à analyser les conséquences sur les économies africaines.

Dans la présente analyse, il sera examiné dans une première partie, les causes, conséquences et incidences de la crise; la seconde partie passera en revue les mesures actuelles et leurs impacts, dans la troisième partie, on étudiera les implications théoriques de ces politiques économiques et enfin, dans la dernière partie, on analysera la crise et ses implications dans le contexte africain.

CHAPITRE I :

CAUSES, CONSEQUENCES ET INCIDENCES

Il y a des évènements que l'on peut expliquer aisément grâce à l'environnement socioéconomique et au contexte scientifique du moment. Mais lorsque surviennent des évènements aussi importants que cette crise financière dont les conséquences imposent une réflexion approfondie, il convient de faire un retour dans le passé à la recherche des racines du problème posé.

C'est l'objectif de cette première partie dans laquelle nous ferons, des rappels historiques avant d'en arriver aux conséquences sur les pays développés.

I. Rappel historique

Il faut rappeler qu'un fait économique peut avoir sa source dans un fait social et inversement. L'histoire des nations a toujours montré depuis des siècles que de nombreuses guerres et conquêtes ont été guidées par des motifs économiques. Plus près de nous, le fait colonial en est un témoignage éloquent. Quant aux crises économiques, leurs sources sont multiples. Elles sont souvent le fondement d'une multitude de facteurs : économiques, idéologiques, politiques, sociaux, culturels, voire théoriques. C'est ce que l'approche socioéconométrique tentera d'expliciter à travers une approche systémique et spatio-temporelle.

Une théorie par excellence, surtout dans le domaine des sciences sociales n'est pas aussi neutre que l'on pourrait le penser. La logique constructive découle d'une position idéologique de l'auteur. Le caractère scientifique est donné seulement par l'enchaînement logique des développements et les hypothèses sous jacentes qui en découlent. C'est la seconde préoccupation de la démarche socioéconométrique qui prend en compte la dimension mathématique de la compréhension du problème.
Le dernier élément de la démarche socioéconométrique, c'est la compréhension des faits à travers une approche systémique, c'est-à-dire, la recherche de liens de causalité réciproque ou non entre les phénomènes qui ont engendré le fait.

Cette démarche est d'autant plus importante que dans le domaine financier, le risque est un phénomène fondamental. Ces risques sont multiples : risque de change, risque de contrepartie, risque de liquidité, risque pays, etc. Ceci implique que les modèles mathématiques auxquels on a souvent recours doivent être des modèles stochastiques. Ensuite, le véritable problème posé par ce risque est la spéculation qui impose la prise en compte de la psychologie dans les analyses. Ces facteurs eux-mêmes reposent sur l'économie qui est une science sociale, fondée sur la microéconomie et la macroéconomie.

1.1. Causes théoriques et faits

Les théories économiques peuvent être classées en trois groupes qui correspondent aux trois grands courants politiques contemporains ;

- le libéralisme économique (le classicisme, le marginalisme, ou néo-classicisme, le libéralisme contemporain) qui répond au libéralisme politique ;
- le keynésianisme, (social-démocratie, à la démocratie-chrétienne) fondé sur le libéralisme économique caractérisé par des interventions de l'Etat dans certains cas ;
- le socialisme économique (marxisme-léninisme) qui répond au contrôle de l'économie par l'Etat.

De ce point de vue, les théories qui en découlent vont dépendre de l'option de l'auteur. Pour comprendre les crises économiques, leurs résolutions et particulièrement celle présente, il est nécessaire d'avoir en mémoire ces courants économiques.

a) Keynes et le rôle de l'Etat

Le véritable problème théorique qui s'est posé, est qu'après la crise de 1929 et la guerre (1939-1945) qui s'en est suivie, il y avait nécessité d'une relance économique consécutive à la destruction de la plupart des économies occidentales. C'est dans ce contexte que Keynes proposa dans sa *Théorie générale de l'emploi, de l'intérêt et de la monnaie* deux apports fondamentaux :

- le *multiplicateur d'investissement* d'où découlera sa notion de *propension marginale à consommer*. Sur cette dernière notion, il apparaît clairement que Keynes met l'accent sur la *Demande*. S'il est amené à mettre l'accent sur la demande, il donne l'explication ci-après : si une activité économique globale est non satisfaisante,

- cela signifie que la demande globale[1] est insuffisante ou excessive. Tel qu'on le voit, dans la contribution keynésienne (simplifiée), c'est l'action sur la demande globale qui est au centre de toute tentative d'influence sur les résultats économiques d'ensemble. Cette position de Keynes pouvait se comprendre d'autant plus que les économies étaient en crise et qu'il y avait un fort taux de chômage. Une de ses préoccupations était nécessairement de relancer la production, gage de nouveaux emplois et d'incitation à la consommation.
- Le second volet de la « demande effective », est après la consommation, l'*investissement* qui se trouve être, selon l'auteur, déterminé par deux facteurs : le rendement escompté du capital par l'investisseur et le loyer de l'argent emprunté, c'est-à-dire le *taux de l'intérêt.*

Il faut rappeler que Keynes lui-même s'élève contre l'Ecole classique et particulièrement Say en ce qui concerne la *loi des débouchés* (1803), où ce dernier postule que « les produits s'échangent contre les produits », donnant le prima à l'*Offre*. En d'autres termes, cette *loi* explique que l'offre d'un bien quelconque crée *de facto* la demande correspondante pour un autre bien de valeur équivalente. Il ne peut donc jamais y avoir surproduction de biens et de ce fait, pas davantage, excès de main-d'œuvre et de chômage. Cette théorie est bien connue des économistes sous l'expression « l'offre crée sa propre demande ». De façon évidente, la critique de Keynes à propos de cette loi, débouche en même temps sur la différence d'analyse de la monnaie des deux écoles. Dans un article, Thiombiano (1996), en recourant au système Mathématique de Cramer, montre en termes de causalité, que le modèle classique fait une séparation entre l'économie réelle (Biens et services) et la monnaie. D'où l'existence d'un sous-système de Cramer composé d'un bloc « Marché des biens et services » totalement déconnecté des autres sous-systèmes à savoir le « Marché de la Monnaie » et le « Marché du Travail ». Alors que chez Keynes, les trois sous-systèmes sont connectés grâce au taux d'intérêt qui joue un rôle essentiel chez cet auteur. L'évidence théorique c'est la faible importance ou la neutralité de la monnaie chez les classiques et le rôle fondamental que Keynes accorde à cette variable.

[1] Par demande globale (D_G), il faut entendre la somme totale des dépenses des ménages (D_m) en biens et services de consommation, plus les dépenses totales des entreprises en biens de capital (D_e), plus tous les achats de biens et services de l'Etat (D_E) d'où
$D_G = D_m + D_e + D_E$.

Finalement, pour ce dernier, la monnaie remplit trois fonctions qui sont suivant Guitton (1974) :

- une fonction dans l'espace dont la première est symbolisée par les idées de *quantité* et de *vitesse*, et la seconde par l'idée d'*unité*. Ces deux types de fonctions sont connues sous les termes de *fonction d'intermédiaire dans les échanges* et de *fonction d'étalon des valeurs* ;
- une fonction dans le temps connue sous les appellations de *réserve des valeurs* et d'*anticipations*.

La véritable rupture de Keynes repose sur le rôle de l'Etat. En effet, il considère dans sa *Théorie générale,* que l'Etat doit agir sur la consommation et/ou l'investissement à travers les deux volets de la « demande effective ». Il poursuit en disant qu'il sera conduit à exercer une influence directrice sur la propension à consommer « par sa politique fiscale, par la détermination du taux d'intérêt, et aussi par d'autres moyens », comme cela a été fait par les banques centrales comme la BCE et la Fed à plusieurs reprises. Pour lui, « l'élargissement des fonctions de l'Etat apparaît comme le seul moyen d'éviter une complète destruction des institutions économiques actuelles et la condition d'un fructueux exercice de l'initiative individuelle ». Une telle position est en contradiction totale avec la pensée classique qui recommande le « laissez faire », c'est-à-dire la primauté du marché pour rétablir les grands équilibres macroéconomiques.
Même si à cette époque les idées de Keynes semblent triomphantes, il n'en demeure pas moins qu'en même temps, dans le sillage de la crise de 1929, d'autres défenseurs du libéralisme intégral continuaient à soutenir les valeurs totales du marché,en particulier Friedman et Stigler.

b) Milton Friedman et le renforcement du libéralisme

Dans des écrits qu'ils ne tarderont pas à renier eux-mêmes, suite à de nombreuses critiques, Friedman et Stigler (1946) vont défendre avec vigueur la thèse selon laquelle la libre entreprise apporterait la meilleure solution possible à la crise aiguë du logement, portée à son paroxysme par la crise économique et les conséquences de la Seconde Guerre mondiale.

Ces idées défendues peuvent être synthétisées comme suit :

- dans un marché libre, on trouve toujours un logement immédiatement disponible, dans toutes les catégories de loyers ;
- la surenchère sur les loyers amène les gens à rogner sur l'espace. Tant qu'on ne construira pas suffisamment de logements neufs, il faudra se résigner à être logé à l'étroit ;
- la hausse des loyers est un encouragement à la construction ;
- pas besoin d'outillage complexe, coûteux et encombrant : le rationnement s'opère de lui-même, tranquillement, anonymement par le mécanisme des prix.

Sur le dernier point, il convient de s'arrêter pour souligner que, quand les deux auteurs parlent de la non nécessité d'un outillage complexe et du rationnement automatique par le mécanisme des prix, cela signifie en clair que le marché se chargera de rétablir les équilibres ou de corriger les imperfections. C'est à juste titre que Samuelson traite l'écrit des deux auteurs de « torchon et d'insulte à la profession ». On peut très rapidement établir le lien de cet écrit avec l'idéologie ou la théorie qui a abouti aux *subprimes.*

i) Lien entre théorie quantitative de la monnaie et néo-libéralisme

Pour l'économiste américain Friedman, rien dans le système économique n'a autant d'importance que la quantité de monnaie. Partant de là, il estime que la régulation de la masse monétaire ne doit pas être abandonnée au jugement des autorités de l'institut central d'émission, comprenez par là, de la banque centrale. Malgré toute leur bonne volonté dit-il, ces personnages ne parviendront jamais à adapter exactement la masse monétaire aux nécessités du moment. Il affirme que de cette façon, la masse monétaire s'adaptera au besoin d'augmentation des salaires, des stocks et prêts d'une part ; et d'autre part, la régularité de son augmentation permettra de maintenir l'économie dans la voie de la croissance. Tel est en substance, ce que préconise le prix Nobel d'économie, bien écouté du Parti Républicain aux USA. On se retrouve ainsi en plein cœur d'un libéralisme guidé par les politiques monétaires avec la bénédiction du marché. L'Etat n'a aucun rôle à jouer et il le dit très clairement dans son article *Essays in Positive Economics* paru en 1948. Le second point sur lequel il convient de montrer son désaccord avec Keynes, c'est à propos du taux d'intérêt où il indique que la Banque fédérale « Fed » ne doit pas tenir compte du taux d'intérêt de l'argent, mais concentrer son attention sur le taux réel d'accroissement de la circulation monétaire. On se dirige là vers une tendance à la théorie *quantitative de la monnaie* de Friedman et de l'Ecole de Chicago. Il affirmait même qu'il faut rendre à la politique monétaire son rôle de premier remède à l'instabilité économique. Pour les ultras libéraux, l'Etat doit s'abstenir de toute ingérence dans le processus économique, fût-ce par le biais d'une augmentation de la circulation monétaire. Toutefois, Friedman ne soutient pas l'idée d'une quantité de monnaie inchangée tel que le prônait Lerner dans son article « le capitalisme à 100% », car dit-il, dans une économie en pleine expansion, les prix ne manqueraient pas de s'effondrer à la longue. Celui qui considérait que la théorie keynésienne était une « hérésie socialiste », explique qu'une croissance constante de la masse monétaire, gagée sur les dépôts de la Banque fédérale, et quelques stabilisateurs intégrés au système (comme la règle d'or d'un budget équilibré au niveau du plein emploi), suffiraient à prévenir le retour d'une crise majeure ; quant au reste, la liberté du marché y pourvoirait fort bien d'elle-même. C'est dans cet esprit qu'il proposa de maintenir un taux d'accroissement constant, voisin de 4 à 5% par an de la masse des disponibilités monétaires. Il apparaît très clairement le lien entre le monétarisme de Friedman et son libéralisme. Cette théorie d'un taux constant de la masse monétaire n'est que le prolongement de la Théorie de l'Equilibre, qui constitue une vision linéaire de l'évolution économique.

ii) Friedman et les catégories pauvres

Ce point vise à éclairer les contours des catastrophes financière et économique dans lesquelles le monde est plongé présentement. Il convient pour commencer, de souligner les attachements républicains de Friedman et aussi le rôle de conseiller qu'il a eu à jouer dans les administrations dirigées par les Républicains aux Etats-Unis[2]. Après l'échec de la politique économique qu'il a conseillée à Richard Nixon, Friedman continue sa prophétie en notant que : à la longue, c'est la liberté du marché qui produit les meilleurs effets : les rigueurs qu'elle entraîne sont temporaires, et mieux vaut s'en accommoder que chercher à y remédier. Malheureusement, il se trouve que ce sont toujours les

---

[2] Ce rappel vise seulement dans un contexte systémique à montrer l'accointance entre système politique et système économique surtout pour permettre de comprendre l'aboutissement de la crise financière.

mêmes qui en pâtissent - les pauvres, les minorités raciales, les illettrés, ou ceux qui n'ont reçu qu'une instruction rudimentaire - ; ce sont toujours les mêmes qui payent les pots cassés. Qu'ils se consolent ! – à la longue, même leur sort se trouvera amélioré.

Dans *Capitalisme et Liberté (1971)*, Friedman déplore que ceux qui avaient le plus à gagner au système, furent souvent parmi les détracteurs les plus acharnés du capitalisme. Il écrit en substance :

« Ces groupes minoritaires, dont on peut fort aisément faire des objets de méfiance et d'hostilité : les Noirs, les Juifs, ceux qui sont nés à l'étranger, pour ne mentionner que les cas les plus évidents. Pourtant, le paradoxe veut que les ennemis du marché libre – socialistes et communistes – proviennent dans une mesure disproportionnée de ces mêmes groupes. Au lieu de reconnaître que l'existence du marché les a protégés contre leurs concitoyens, ils font l'erreur d'attribuer au marché la discrimination dont ils souffrent encore. »

A lire de telles hérésies, on peut se poser la question, en dehors d'un jugement doctrinal, comment on a pu attribuer un prix Nobel à quelqu'un dont les propos sortent totalement du cadre de la théorie économique.

De ce point de vue, les pauvres et les pays en développement ne pouvaient attendre aucune compassion des politiques économiques de l'Occident avec un conseiller économique de cet esprit. En effet, note Silk (1978) « *cette vision optimiste du marché se fonde sur une conception du rôle bénéfique du capitalisme dans l'histoire. Non seulement c'est au capitalisme que l'humanité doit sa prospérité matérielle, mais c'est le capitalisme qui est la condition préalable nécessaire de la liberté humaine. Et c'est dans la convergence du capitalisme et de la liberté que réside l'espoir du monde* ». Avec Friedman, on peut comprendre que toute autre voie est inacceptable et de ce fait, le système libéral doit être défendu par tous les moyens.

c) Rappel des faits de la crise

i) La titrisation

Le monde a commencé à libéraliser les marchés financiers dans les années 1980.

Dès l'époque, les milieux spécialisés ont considéré qu'il y aurait trois conséquences :

- une meilleure sécurité des actifs bancaires ;
- une baisse des taux d'intérêt due à l'amélioration de la liquidité des marchés financiers et à une augmentation de l'offre d'épargne ;
- un désengagement des Banques centrales dans la maîtrise de la masse monétaire.

Au plan pratique, il a été observé pour le dernier point, que la Banque centrale européenne s'est livrée à des actions d'open market ou a autorisé des facilités permanentes de prêt ou de dépôt sur le marché monétaire. Dans le même temps, les taux d'intérêt à long terme au sein de l'Union sont passés de 13% en 1982 à 4% en 2003 (Friboulet, 2008). La même tendance a été observée aux Etats-Unis où le taux est passé de 14% à 4,5% sur la même période. Tout naturellement, la question que l'on est en droit de se poser est : quels sont les motifs de la baisse des taux d'intérêt ? Selon les études statistiques portant sur le taux d'épargne des ménages dans un certain nombre de pays industrialisés, il apparaît comme le montre le tableau 1, que le taux d'épargne aux Etats-Unis est resté le plus bas.

Tableau 1 : Taux d'épargne nets des ménages dans quelques pays industrialisés

Années	Canada	France	Allemagne	Japon	Etats-Unis
1993	12,1	12,2	12,1		6,1
1994	9,6	11,4	11,5		5,3
1995	9,4	12,7	11,1		5,1
1996	7,2	11,7	10,6	11,5	4,2
1997	5,0	12,6	10,2	11,0	3,7
1998	4,9	12,2	10,2	11,8	4,5
1999	4,1	11,9	9,5	10,3	2,5
2000	4,8	11,8	9,3	8,9	2,4
2001	5,3	12,5	9,5	5,2	1,8
2002	3,5	13,7	10,1	5,1	2,5
2003	2,8	12,5	10,4	3,9	2,4
2004	2,7	12,4	10,5	3,6	2,0
2005	1,2	11,8	10,7	3,1	0,6
2006		12,0	10,6		0,5

<u>Source</u> : OCDE, tiré de Friboulet (2008)

Des cinq pays les plus industrialisés, les Etats-Unis ont eu largement au cours des 14 années écoulées le taux d'épargne le plus faible avec une moyenne de 3% contre 12,2% en France et 10,4% en l'Allemagne. Avec une épargne intérieure aussi faible aux Etats-Unis, d'où vient leur liquidité qui alimente son marché financier ?

Le grand déficit commercial américain vis-à-vis du reste du monde et notamment de l'Asie et surtout de la Chine est le canal qui finance l'achat de titres américains en même temps qu'elle alimente ses banques. Il y a aussi les dépôts des Monarchies du Golfe, notamment l'Arabie Saoudite.

Finalement, la baisse des taux d'intérêt américains n'obéit à aucun système classique de financement interne, c'est-à-dire d'offre d'épargne des ménages, mais d'un flux d'épargne financé par les exportations chinoises. De ce point de vue, on peut conclure qu'il y a une politique laxiste de la part de la Fed. Cela peut être illustré par les deux schémas ci-après à travers lesquels s'explique cette complaisance d'ordre antiéconomique :

Graphique 1 : Système classique

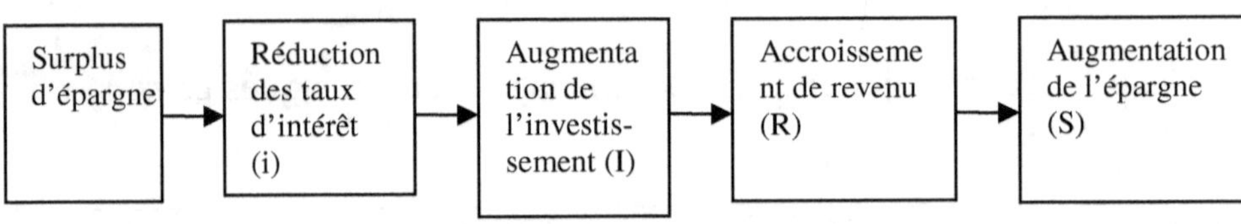

Graphique 2 : Système déréglé de la Fed

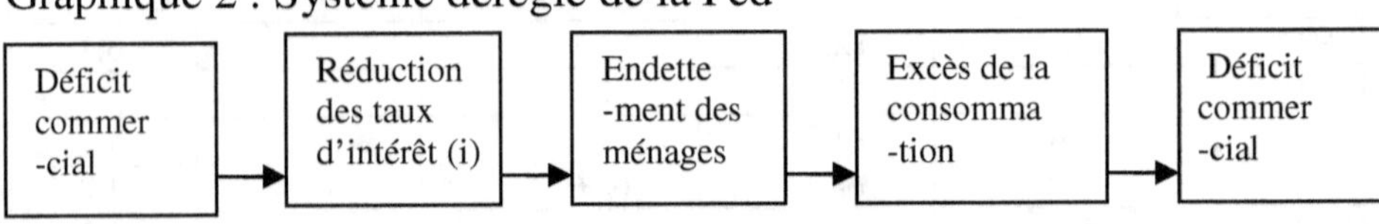

Il est évident que la baisse des taux d'intérêt a pour conséquence un accroissement de la demande de crédit de la part des ménages. Cet état de fait a conduit les banques dans une succession de prêts qui a mis en cause la sécurité de leurs actifs. Dans le même temps, il faut se souvenir que les banques avaient acheté des créances hypothécaires en très grande quantité, et hors bilan, grâce à la création de sociétés spécifiques appelées *Structured Investment Vehicles (SIV)* qui finançaient l'achat de créances hypothécaires à haut rendement transformées en titres appelés

Collateralized Debt Obligations (CDO). Enfin, au regard du Schéma 2, on constate que la politique de la Fed, au lieu de dégager une épargne, a aggravé le déficit commercial des USA à cause d'un excès de demande. Telle est en substance, l'explication du faible taux d'épargne des Etats-Unis, de l'accroissement de l'endettement des ménages et aussi du déficit commercial du pays.

Toujours dans les faits, dès août 2007, les investisseurs cessent d'acheter les *commercial papers* émis sans garantie par les SIV dont la situation financière et la confiance s'étaient fortement dégradées. Le résultat a été le manque de liquidité pour ces SIV pour acheter les crédits hypothécaires titrisés, et la crise s'est alors amplifiée. Moralement, les grandes banques qui les avaient créés étaient obligées de racheter les titres afin d'éviter leurs faillites. Or, dans la réalité, les opérations des SIV ne faisaient pas partie de la comptabilité de ces banques. Ces dernières ont été donc contraintes de reprendre le passif hors bilan des SIV. Finalement, les garanties accordées par les banques étaient hors bilan. Erreur comptable d'une écriture à partie double ou tout simplement des opérations de tricheries ?
En substance, c'est dans ce contexte que les subprimes sont arrivées avec leur conséquence, la crise financière.

ii) Les subprimes

La seconde explication est les subprime*s* ou les prêts immobiliers qui ont été accordés de façon inconsidérée aux Etats-Unis par les banques. A suivre de près, on voit qu'elle est la conséquence du néolibéralisme développé et défendu par Friedman. Il faut se rappeler des écrits de Friedman et Stigler (1946) à propos des prêts immobiliers pour comprendre les soubassements théoriques. Dans la pratique, comment en est-on arrivé à la construction d'un système aussi incertain ou pour parler comme le Secrétaire au Trésor américain de « risque systémique ».

Motivés par les profits, les organismes de crédits hypothécaires ont prêté à un secteur de la population déjà fortement endetté. Il faut cependant retenir que les conditions de ces prêts à haut rendement (pour les banques) constituent une véritable arnaque comme le soulignent Millet et Toussaint (30 mars 2008). En fait, le taux est fixe et raisonnable au cours des deux premières années ; puis, augmente fortement ensuite. Par ailleurs, les institutions financières (prêteurs) affirmaient aux emprunteurs que le bien qu'ils achetaient, gagnerait rapidement de la valeur au regard de l'augmentation des prix du secteur immobilier. Le résultat, c'est que la bulle du secteur a fini par exploser en 2007, et les prix ont commencé à baisser. Vu que le nombre d'incapacités de paiement s'est substantiellement accru, les institutions de crédit hypothécaires[3] se sont retrouvées dans des difficultés de remboursement de leurs dettes. Il faut rappeler que les deux principales banques en faillite au début de la crise ont une longue histoire. En effet, la Fannie Mae, créée en 1968, d'origine publique avait pour objectif lorsque la décision fut prise de la coter en bourse, de financer la guerre du Vietnam. En 1980, est créée la Freddie Mac qui est venue compléter le rôle de la première. L'objectif de ces deux banques était d'assurer la transparence du marché immobilier en garantissant les prêts immobiliers ou en les rachetant aux banques. Ainsi que le rapporte le journal *Le Monde Diplomatique*, en 1990, les deux institutions détenaient 740 milliards de dollars US de crédit. Dans les prévisions, ce chiffre devait atteindre 1250 milliards de dollars en 1995 et dépasser 2000 milliards de dollars en 2005.

A la veille de leur nationalisation récente, leur portefeuille était de 5 400 milliards de dollars, soit 45% de l'encours total du crédit immobilier aux Etats-Unis. Dans le même temps, les deux sociétés soutenaient 97% des titres adossés à des prêts hypothécaires ; avec les encouragements de Alain Greenspan, ancien directeur de la Réserve fédérale américaine (Fed) qui affirmait en 2004 qu' *« une baisse sévère du marché immobilier était peu probable aux Etats-Unis... »*. Cet enthousiasme et ces déclarations ont encouragé l'investissement dans les actions et obligations des deux banques qui connurent un âge d'or sans précédent. Mais, cette croissance était déjà entachée de nombreuses irrégularités et de fraudes qui ont conduit dans les années 2004-2006 à la condamnation de chacune d'elles à des amendes. En réalité, d'un rôle qui devait permettre au plus grand nombre d'américains d'avoir accès à la propriété immobilière, les deux géants ont plutôt cherché à maximiser les revenus de leurs actionnaires et principalement de leurs dirigeants. A titre d'exemple rapporte le journal *Le Monde (19/11/2008)*, le salaire de chacun des patrons de ces deux banques était de 70 millions de dollars par an. Elles étaient devenues tellement puissantes qu'elles influaient sur

[3] Les prêts hypothécaires remontent aux Etats-Unis aux New Deal. Ce dernier lui-même était un programme de relance de l'économie après la crise de 1929.

les décisions du Congrès en matière réglementaire. C'est dans ce contexte que les deux sociétés ont accumulé les dettes, et les « marchés » constatèrent la « catastrophe » : d'où la crise. En 12 mois, les deux sociétés avaient accumulé des pertes de 14 milliards de dollars et dans le même temps leurs actions avaient perdu plus de 90% de leur valeur. Elles devaient rembourser une dette de 1600 milliards de dollars dont 230 milliards venaient à échéance fin septembre 2008.

Les grandes banques, par souci de protection, ont refusé de leur octroyer de nouveaux crédits ou tout simplement ont préconisé le relèvement des taux d'intérêt. Il y a eu d'autres opérations plus complexes dans le même secteur immobilier qui ont fini par saper l'ensemble du système financier américain. En effet, les SIV n'ont pas dit clairement à leurs clients que le taux d'intérêt sur les créances était variable. En d'autres termes, si la Fed augmentait son taux directeur, cette hausse allait se répercuter sur les crédits. Donc, un effet rétroactif qui du point de vue juridique est nul d'effet. De ce fait, les tableaux d'amortissements allaient être constamment revus à la hausse. Or de 1% pour les premiers prêts accordés, le taux directeur de la Fed est passé à 5,25%. L'autre facteur qui a compliqué davantage la situation, rendant les prêteurs insolvables, est qu'il n'avait pas été révélé aux clients que les mensualités étaient volontairement faibles au début, mais allaient augmenter très rapidement trois ans plus tard (les intérêts pouvant aller de 3 à 18% après trois ans, indépendamment des augmentations des taux de la Fed).

c) De la crise des prêts hypothécaires à la crise financière

Pour bien comprendre le passage de la crise des prêts hypothécaires à la crise financière, il est intéressant de partir d'un cas concret. Supposons que A s'endette en sollicitant un prêt de long terme. Pour le banquier, plus le délai est long plus il y gagne, puisque les intérêts sont plus élevés si les risques sont jugés acceptables ou couverts. L'effet de masque est que vous avez l'impression de payer moins puisque les mensualités sont plus faibles, mais en réalité le total des intérêts payés est plus élevé.
Exemple : considérons un prêt de 3 000 000 FCFA au taux d'intérêt de 10% à la Banque Nationale du Crédit du Nord. On peut choisir soit d'amortir le prêt en 2 ans ou en 3 ans. Il est évident que le choix dépend aussi des contraintes de l'emprunteur. S'il choisit deux ans, l'amortissement de la dette sera plus élevé par mois. A l'inverse, s'il

choisit pour 3 ans, ces traites seront moins élevées. Toutefois, il subsiste un piège que l'emprunteur peut ne pas voir. Quel est ce piège ?

1°) amortissement en deux ans :
3 000 000 $(1,10)^2$ = 3 630 000 FCFA, soit des traites de 151 000 F environ par mois.

2°) amortissement en trois ans :
3 000 000 $(1,10)^3$ = 3 993 000 FCFA, soit environ 111 000 FCFA par mois.

Théoriquement, l'emprunteur a l'impression qu'il y gagne dans le second cas, mais en réalité c'est tout à fait le contraire. En effet, il doit payer une différence de 363 000 FCFA de plus en choisissant une échéance de trois ans.
Trois causes expliquent la présente crise :

i). Cause 1 : Une approche mathématique de l'explication

Pour une meilleure explication de la crise actuelle, on peut tenter d'approcher le phénomène par une analyse mathématique. Considérons la Banque Nationale de Crédit du Nord (BNCN) qui prête de l'argent à ses clients. Le mécanisme de fonctionnement est celui-ci. Monsieur X dépose son argent auprès de la BNCN, qui à son tour prête cet argent à Madame Y, qui va dépenser cet argent auprès de Monsieur Z, qui va le déposer dans son compte ouvert à la BNCN., etc.

En théorie, on a l'impression que la BNCN pourrait prêter la totalité de l'argent déposé à n'importe quel client. Il n'en est rien car à tout moment le client peut venir demander le remboursement de son dépôt. Pour éviter une situation d'incapacité de remboursement, la banque est obligée de mettre de côté une partie de l'argent déposé.

En se référant aux mathématiques financières, on peut présenter sous forme de tableau, la démarche simplifiée. Quand un client fait un dépôt de 1 franc *(F)* à la banque, cette dernière met i F de côté et prête $(1-i)F$. Cela se traduit comme suit dans le tableau 2, en considérant M la quantité de monnaie initialement déposée par le client n°0.

Tableau 2 : Explication mathématique

Client n°	0	1	2	3	…	n-1	N
Dépôt	M	$(1-i)M$	$(1-i)^2 M$	$(1-i)^3 M$	…	$(1-i)^{n-1} M$	$(1-i)^n M$
Prêt	$(1-i)M$	$(1-i)^2 M$	$(1-i)^3 M$	$(1-i)^4 M$	…	$(1-i)^n M$	$(1-i)^{n+1} M$
Réserve	iM	$i(1-i)M$	$i(1-i)^2 M$	$i(1-i)^3 M$	…	$i(1-i)^{n-1} M$	$i(1-i)^n M$

En définitive, la BNCN reçoit au total

$$D = M + (1-i)M + \cdots + (1-i)^n M = M\{1 + (1-i) + \cdots + (1-i)^n\} = M\frac{1-(1-i)^{n+1}}{1-(1-i)}$$

$$= \frac{M}{i}\left[1-(1-i)^{n+1}\right] \quad (1)$$

pour $n \to \infty$, D tend vers $\frac{M}{i}$ du fait que $(1-i) < 1$ entraînant que $(1-i)^{n+1}$ tend vers 0 quand $n \to \infty$

Dans le même ordre, la BNCN prête :

$$P = (1-i)M + (1-i)^2 M + \cdots + (1-i)^{n+1} M$$

$$= (1-i)M\frac{1-(1-i)^{n+1}}{1-(1-i)} \text{ avec } P \to \frac{1-i}{i}M \quad (2) \text{ si } n \to \infty$$

Finalement, la réserve (statutaire) est la différence entre les deux, soit pour $n \to \infty$

$$R = \frac{1}{i}M - \frac{1-i}{i}M = M$$

En conclusion, quelle que soit la quantité de monnaie mise de côté par la BCBN, quand le nombre de clients est assez élevé, il y aura toujours une réserve de monnaie *M*, c'est-à-dire, la somme minimale nécessaire pour rembourser n'importe lequel des clients.

De façon pratique, examinons *P* :

si 1- i = 90%, P = 9M ;
si 1- i = 80%, P = 4M ;
si 1- i = 60%, P = 1,5M ;
si 1- i = 50%, P = M

Le coefficient $\frac{1-i}{i}$ est dit *multiplicateur de crédit*, signifiant par là que la BNCN

crée de l'argent avec la même quantité de monnaie déposée.

ii). Cause 2 : une analyse par les faits

Dans la réalité, ce qui se passe, c'est que la loi oblige les banques à déposer leurs réserves à la Banque centrale de façon à couvrir dans une certaine mesure les premiers remboursements des clients. Actuellement, pour 1 dollar déposé en réserve, le FMI recommande 12 dollars de prêt alors que la Fed autorise 32 dollars de prêts soit plus du double.

De fait, comme on le voit, si plusieurs clients se présentent pour se faire rembourser, il va se poser un problème de liquidité bancaire.

Malgré ce risque et vu la rentabilité générée par le système, les banquiers vont transformer leurs créances en titres négociables sur les marchés financiers. Les fonds d'investissement se sont précipités sur ces créances à haut risque mais à fort rendement. Dans le même temps, les fonds spéculatifs (*hedge funds*) ne sont pas restés en marge de ces titres.

En définitive, la bulle éclata parce que le marché de l'immobilier s'essoufflait. Les prix des maisons baissant, les ménages défaillants ne pouvaient plus vendre leurs maisons à un prix leur permettant de rembourser leur crédit. En somme, toutes les parties prenantes au système se sont trouvées avec des créances compromises.

Le résultat est qu'aucune banque ne pouvait savoir si l'autre avait des prêts subprimes dans son portefeuille ou pas. Désormais, il se pose un problème de confiance entre institutions bancaires qui ne se font plus des prêts sur le marché interbancaire. La conséquence immédiate est le relèvement sensible du taux d'intérêt, aggravant du même coup les problèmes de liquidités sur le marché. Rappelons qu'au départ, ces taux d'intérêt étaient faibles, conditions d'incitation aux prêts immobiliers.

On peut dès lors comprendre pourquoi très tôt la plupart des mesures prises par les pays développés furent de sauver les banques en reprenant les créances douteuses et en injectant de l'argent sur le marché. Il s'agit de crédits à court terme qui doivent permettre aux banques de payer leurs dettes. Il faut cependant relever qu'une situation complexe a été celle des « taux de prise en pension », c'est-à-dire, le taux auquel les banques centrales rémunèrent les réserves des banques. Ce taux est supérieur au taux d'emprunt, de telle sorte que certaines banques secondaires empruntent tous azimuts aux banques centrales et remettent en réserve auprès de ces mêmes banques centrales l'argent emprunté au lieu de les prêter aux clients. Ce qui a aggravé le manque de liquidités sur le marché.

C'est dans ce contexte que le Trésor américain est intervenu début septembre 2008 pour injecter 200 milliards de dollars dans le système. Les premières nationalisations ont fait dire au sénateur républicain du Kentucky, Jim Bunning dans son interpellation du Secrétaire au Trésor, ceci *« quand j'ai ouvert mon journal hier, j'ai cru que je m'étais réveillé en France. Mais non, il s'avère que le socialisme règne en maître en Amérique ».*

Dans les faits, les deux banques (Fanny Mae et Freddy Mac) étaient à l'origine étatiques, mais avec la force et la puissance du néolibéralisme, elles avaient été privatisées à la grande satisfaction de Friedman, qui ne cachait pas son aversion pour toute intervention de l'Etat. Mais, 40 ans plus tard, c'est cet Etat qui va de nouveau intervenir pour sauver des entreprises qui étaient considérées comme le fleuron du néolibéralisme triomphant avec une dette de 1600 milliards de dollars.

iii). Autres causes

- La première explication serait due à la hausse du prix du pétrole qui a renchéri les coûts de production des entreprises industrielles, entraînant une baisse de compétitivité, l'augmentation des prix, la baisse de la consommation des biens durables des ménages, la « chute libre » de l'investissement résiduel, l'accumulation de stocks invendus. Toutes choses qui ont réduit la croissance économique des Etats Unis. Inexorablement, on s'est acheminé vers une réduction des emplois. Il faut noter que depuis 2001, environ 30% de l'augmentation des emplois aux Etats-Unis est lié à l'immobilier[4]. En réalité, il faut souligner que la hausse du prix du pétrole était due à des phénomènes spéculatifs, à la guerre en Irak, à la dépréciation continue du dollar plutôt que spécifiquement à un excès de demande venant des pays émergents tels que la Chine et l'Inde.

- La deuxième explication est liée au renforcement des oligopoles et monopoles au détriment de la concurrence. En d'autres termes, l'excès de libéralisme a conduit à son contraire, le contrôle d'une branche ou d'un secteur par une seule ou un nombre réduit de sociétés. A ce titre, on a vu comment les deux sociétés immobilières contrôlaient à elles seules 45% de l'encours immobilier aux Etats-Unis et 97 % des titres adossés à des prêts hypothécaires. Dans l'aviation, de nombreuses compagnies aériennes ont disparu, faisant place à un nombre très réduit qui tend au monopole avec des prix très élevé sur certaines lignes, notamment celles sur l'Afrique au Sud du Sahara. Parmi ces compagnies on a le cas d'Air France qui dessert presque exclusivement en provenance de l'Europe les pays francophones au Sud du Sahara.

- La troisième explication est la forte concentration mondiale des fortunes entre les mains d'une minorité qui n'a cessé de progresser depuis les années 1990. Déjà en 1998, la fortune des 358 personnes les plus riches du monde, était supérieure au revenu annuel de la moitié des habitants les plus pauvres de la planète, soit environ 2,6 milliards de personnes. Par ailleurs, la fortune des 3 personnes les plus riches du monde dépasse le produit intérieur brut (PIB) cumulé des 48 pays en développement les plus pauvres ; celle des 15 plus riches égale la production de

---

[4] cf. : AFP du 23/08/08 : "les USA : l'ampleur du ralentissement immobilier commence à devenir inquiétante", et également "les USA : le ralentissement immobilier risque de déteindre sur toute l'économie" ; AFP du 24/08/08 in Internet.

toute l'Afrique subsaharienne ; les avoirs des 84 plus riches surpassent ceux de la Chine avec son 1.4 milliard d'habitants. D'autres comparaisons montrent que 20% des êtres humains vivant dans les pays les plus riches se partagent 86% de la consommation privée totale. Au fil du temps, les riches sont devenus de plus en plus riches et les pauvres relativement de plus en plus pauvres. Ce constat est fait en 2006 par l'étude de l'Institut mondial de recherche sur l'économie du développement de l'université des Nations unies -UNU-WIDER (2006) qui révèle que la moitié (50%) de la richesse mondiale est détenue par les 2 % les plus riches. Ce que l'on peut dire en regardant ces chiffres en rapport avec la crise, c'est qu'elle ne peut être conjoncturelle comme le pensent certains, mais structurelle. Comme nous l'avons montré dans d'autres domaines, cette crise est la résultante de la combinaison d'un certain nombre de facteurs dont la forte inégalité dans l'exploitation et la répartition des richesses mondiales accaparées par quelques individus.

- La quatrième explication est fondée sur le développement de la spéculation financière qui a pris une ampleur sans précédent dans l'histoire du système capitaliste mondial, favorisé par un système libéral sans gouvernail avec des pays entiers qui se spécialisent dans des trafics d'argent en constituant des paradis fiscaux. Ce n'est que récemment que les pays développés, au cours de la réunion du G20 à Londres en avril 2009, ont dressé une liste des Etats en question qui doivent lever le secret bancaire dans l'optique d'instaurer un certain niveau de contrôle.

1.2. Causes liées à l'innovation financière et à la transformation de l'économie mondiale

La cohérence et la viabilité d'un système de régulation sont des propriétés observables seulement *ex post*, à l'issue d'un processus historique plus ou moins long. Conception qui n'est autre que le prolongement de l'analyse de Lucas (année) : « *Si changent les règles du jeu et le contexte, changent aussi les crises financières* ».

Or, la lecture de l'histoire de l'économie révèle que cette dernière décennie a été marquée profondément par trois changements importants qui ont transformé le fonctionnement du système financier mondial : la déréglementation des systèmes financiers domestiques, la globalisation financière et la multiplication des innovations dites radicales (création de produits dérivés, technologies de l'information et de la communication).

1.3. Déréglementation des systèmes financiers : facteur de croissance et source de crises

La déréglementation des systèmes trouve son fondement dans les développements théoriques de la finance contemporaine avec, notamment en 2003, les travaux de Rajan et Zingales (2003). Ces nouveaux développements ont replacé au centre de l'analyse économique le thème " finance et développement " avec d'importants arguments tendant à mettre en évidence l'effet de la distribution (qualité de l'intermédiation financière) des risques sur l'accélération de la croissance économique.

En effet, sur le plan théorique, la qualité de l'intermédiation financière a un impact certain sur les déterminants de la croissance. Dans un premier temps, elle permet et organise mieux le transfert intertemporel de ressources sans lequel l'investissement ne peut intervenir. Par ailleurs, elle assure une redistribution des risques qui facilite l'ajustement de l'épargne et de l'investissement. De même, la centralisation de l'épargne permet *a priori* une meilleure allocation du capital en fonction des opportunités, sans reproduire à l'identique l'allocation antérieure. Il est clair que le système bancaire a aussi la fonction essentielle d'assurer les flux de paiements, sans lesquels une économie de marché ne saurait fonctionner.

Cet impact positif sur la croissance se trouve confirmé par des études de panel portant sur les États américains, caractérisés, par une certaine diversité de la chronologie de leur déréglementation. Même en corrigeant par une série de variables visant à neutraliser l'hétérogénéité des facteurs réels du potentiel de croissance, il ressort que la déréglementation initiée au début des années 1970 aurait eu un effet favorable sur la croissance (Jayaratne et Strahan, 1999).

Cependant, une analyse de l'évolution de l'économie montre clairement que cette tendance du développement de la finance actuelle a été associée à diverses crises qui s'étendent des *Savings and Loans* jusqu'à l'emballement boursier lié à la bulle Internet. Le progressif décloisonnement des marchés dans les pays de vieille tradition financière a conduit à revenir notamment sur la distinction héritée de la crise des années trente entre banques commerciales et banques d'investissement ou encore entre banques et assurances. De ce fait, la stratégie de chacun des acteurs financiers s'en trouve affectée.

Dans ce contexte, les banques sont incitées à accorder des crédits à des clients plus risqués pour compenser les pertes associées au fait que les grandes entreprises font désormais appel directement au marché financier. Il se développe alors les *comportements patrimoniaux* de gestion des actifs au détriment de la recherche de l'adéquation simple entre flux d'épargne et d'investissement (Plihon, 2002). Simultanément, s'approfondit la division du travail entre les divers intermédiaires concernés, ce qui n'est pas sans affecter les propriétés du système financier dans son ensemble (Lavoie, 2003).

Ainsi que l'avait déjà démontré Schumpeter (1911), les changements qui accélèrent l'investissement et l'innovation ont pour contrepartie une phase de réajustement plus ou moins sévère (récession ou dépression) qui peut déboucher sur des crises financières majeures qui ne constituent que la contrepartie du processus de changement des structures.

1.4. Libéralisation externe et globalisation financière

Au processus de libéralisation interne ci-dessus décrit se superpose l'ouverture du compte de capital d'économies auparavant quasi-autarciques en matière de financement. Cette libéralisation qui peut être qualifiée d'externe s'est traduite par la mise en route d'un nouvel accélérateur financier puissant, d'autant plus déstabilisateur pour ces économies, que leur réglementation interne et les modalités de couverture du risque étaient et demeurent inadéquates.

Les instruments financiers correspondants ne sont pas nouveaux dans l'absolu puisqu'ils avaient été expérimentés auparavant par les pays anciennement financiarisés. Mais, ils constituent une innovation pour les acteurs de l'économie d'accueil, de sorte que s'initie en général un boom tiré par l'accélérateur financier, phase d'expansion que les acteurs n'interprètent pas comme transitoire puisqu'ils supposent qu'elle est susceptible de se prolonger à long terme.

Cette ouverture du compte de capital explique pourquoi crises de change et crises bancaires sont fréquemment associées, car les pays se sont endettés en monnaies étrangères et les résidents ont vu s'ouvrir la possibilité d'un arbitrage entre monnaie domestique et monnaie internationale. Ce qui est de nature à déstabiliser la confiance dans le système bancaire domestique. La libéralisation externe qui s'est traduite par la mondialisation des changements dans le système financier a donc pour effet d'ébranler le système financier domestique par le biais de la déstabilisation de la confiance, base fondamentale du système d'intermédiation.

En effet, lorsque l'on compare les économies anciennement financiarisées à celles nouvellement financiarisées, on note une déréglementation du secteur domestique équivalente en fin de période, mais celle du compte de capital n'a pas convergé puisque les pays émergents conservent en moyenne un degré de protection plus élevé, comme en témoignent par exemple la Chine et l'Inde. Pourtant, c'est l'interaction entre ces deux déréglementations qui a été vraisemblablement déterminante dans les crises récentes comme la crise asiatique. Du fait que les pays s'endettent en dollars, toute fragilité financière affecte successivement ou simultanément le régime de change et le système bancaire. En l'occurrence, la variabilité de la conjoncture s'en trouve accrue et les risques de crise systémique majorés.

1.5. Innovations, apprentissages et crises : une longue histoire

Le troisième type d'innovation fondamentale qui permet de mieux comprendre l'apparition des récentes crises financières porte directement sur les relations entre l'apparition de *nouveaux instruments financiers* et des innovations dans l'économie réelle. Ces relations sont considérées comme suffisamment radicales pour impliquer un relèvement durable des perspectives de profit.

Ce type de facteur déclenchant s'inscrit dans un long processus historique de la recherche de stabilité financière. En effet, si certaines de ces innovations peuvent être stabilisatrices en diffusant le risque à des agents à même de l'assumer, à plus long terme, elles induisent un changement des comportements susceptibles d'accroître la prise de risque par les agents non financiers.

A cet égard, la chronologie élaborée par Davis (1995) est particulièrement édifiante. Elle montre que chaque innovation majeure, en stimulant de nouvelles stratégies, a débouché sur une fragilité financière, appelant en retour une forme ou une autre de réglementation. Ainsi, l'invention, puis le développement de l'eurodollar ne sont pas sans lien avec la remise en cause du système de change fixe et du mode de surveillance bancaire.

La faillite de la Banque Herstatt fournit un premier exemple d'une synergie perverse entre instabilité des taux de change et activité bancaire. La crise mexicaine (1982-1984) montre les limites de l'évaluation du risque pays par un syndicat de grandes banques dont les méthodes avaient été élaborées pour leur marché domestique respectif. La crise boursière américaine de 1987 semble pour sa part résulter de la conjonction de deux changements majeurs : d'abord l'impact à long terme de la loi ERISA pour l'allocation de l'épargne des ménages américains, ensuite la généralisation de routines d'achat/vente incorporées dans des logiciels (*program trading*).

La faillite de LTCM en 1998 montre que l'utilisation des modèles VaR (*Value at Risk*) les plus sophistiqués permet une meilleure appréciation du risque et améliore la situation des participants au marché mais simultanément incite ceux-ci à prendre plus de risque, ce qui a conduit à l'apparition d'un risque systémique et à une intervention de la Fed américaine. D'où la conclusion de l'un des inventeurs de la formalisation du prix des produits dérivés : « *Les crises financières s'observent tout au long de l'histoire et frappent les divers pays. Cela peut sembler quelque peu décourageant et constituer un argument contre la modélisation financière, mais tel n'est pas le cas. En effet, comme de meilleurs modèles de mesure du risque réduisent les coûts, les firmes financières développent en conséquence de nouveaux produits et activités qui rendent des services à leurs clients. Très vraisemblablement, ces nouveaux développements accroissent le risque une fois de plus* » (Scholes, 2000).

Les modèles sophistiqués d'évaluation des risques ne sont pas les seules innovations contemporaines. Ainsi, la généralisation du principe de la valeur actionnariale, la diffusion des stocks options comme méthode de stimulation et de rémunération des dirigeants des entreprises cotées en bourse, n'ont pas manqué de susciter en retour une « innovation »

surprenante : un usage « créatif » des principes généraux de la comptabilité dont Enron et Ahold donnent des exemples emblématiques au début des années 2000, même si, à la différence du cas de LTCM, ces épisodes de quasi-faillite n'ont pas débouché sur la propagation d'une fragilité financière susceptible d'induire une crise systémique.
L'émergence, puis l'éclatement de la bulle Internet livrent un autre enseignement, à savoir la possible synchronisation entre des innovations technologiques réputées radicales et l'invention de nouveaux outils permettant aux "jeunes pousses" de développer ces innovations. Dès lors, la conjonction de l'essor des TIC, du rôle déterminant du capital-risque et de la liquidité qu'offrait le NASDAQ est au cœur de la crise de la nouvelle économie. Elle débouche sur une récession mais pas sur une dépression analogue à celle qui avait été observée de 1929 à 1932 aux États-Unis. La résilience du système bancaire et la promptitude de l'intervention du banquier central ne sont pas étrangères à cette différence de trajectoire d'autant plus que les modes de régulation et les régimes de croissance eux-mêmes ne sont plus les mêmes dans l'une et l'autre période.

Ainsi, les mécanismes et transformations ci-dessus détaillés ont d'autant plus de chance d'être activés que se multiplient les innovations (subprimes, produits dérivés…) et de déboucher sur une crise financière, comme la crise actuelle.

1.6. Les causes militaro financières

Dans une certaine mesure, ces causes militaro financières trouvent leurs explications dans les positions d'un économiste ultra libéral comme Friedman. Dès lors, les mises en garde du Président Eisenhower se justifiaient déjà à cette époque. En effet, dans son discours d'adieu du 17 janvier 1961, le président (et ancien général) Dwight Eisenhower avertit les américains que le lobby militaro-industriel pourrait faire planer un jour une menace sur la liberté et la démocratie. Il disait en substance : « La présence simultanée d'un énorme secteur militaire et d'une vaste industrie de l'armement est un fait nouveau dans notre histoire. Cette combinaison de facteurs a des répercussions d'ordre politique, économique et même spirituel, perceptibles dans chacune de nos villes, dans les chambres législatives de chacun des États qui constituent notre pays, dans chaque bureau de l'administration fédérale. Certes, cette évolution répond à un besoin impérieux.

« Mais nous nous devons de comprendre ce qu'elle implique, car ses conséquences sont graves. Notre travail, nos ressources, nos moyens d'existence sont en jeu, et jusqu'à la structure même de notre société. Dans les organes politiques, nous devons veiller à empêcher le complexe militaro-industriel d'acquérir une influence injustifiée, qu'il l'ait ou non consciemment cherchée. Nous nous trouvons devant un risque réel, qui se maintiendra à l'avenir : qu'une concentration désastreuse de pouvoir entre des mains dangereuses aille en s'affermissant.

« Nous devons veiller à ne jamais laisser le poids de cette association de pouvoirs mettre en danger nos libertés ou nos procédures démocratiques. Nous devons nous garder contre le risque de considérer que tout va bien parce que c'est dans la nature même des choses. Seul un ensemble uni de citoyens vigilants et conscients réussira à obtenir que l'immense machine industrielle et militaire qu'est notre secteur de la défense nationale s'ajuste sans grincement à nos méthodes et à nos objectifs pacifiques, pour que la sécurité et la liberté puissent prospérer ensemble »

- De façon concrète, la crainte de Eisenhower s'est traduite au début de ce 21ième siècle par un excès de financement des guerres contre le terrorisme (Irak, Afghanistan, etc.). Le déficit budgétaire des USA en 2003 était de 455 milliards de dollars. A ce titre, l'occupation de l'Irak coûte au contribuable américain, 1 milliard de dollars par semaine. En extrapolant, nous avons 52 milliards de dollars par an, soit 260 milliards de dollars durant les cinq premières années de la guerre.
- A l'actif de ces lobbys militaro financiers, il faut noter le bouclier anti-missiles en Europe, dont les experts en la matière s'accordent à reconnaître le coût très élevé.

Tous ces éléments expliqueraient la crise actuelle que nous vivons dont la propagation peut se faire à travers les canaux ci-dessous :

- *Les marchés financiers*

Les marchés financiers sont une courroie privilégiée de transmission de la crise financière. En effet, avec la globalisation financière, les chocs sont susceptibles de se transmettre en temps réel d'une place financière à une autre et ceci par l'effet report[5] et l'effet de contamination[6].

- *Le canal du coût du capital (ou canal du taux d'intérêt)*

Le canal du coût du capital (autrement appelé, canal du taux d'intérêt) constitue le principal mécanisme de transmission de la politique monétaire dans tout modèle d'inspiration keynésienne. Dans un contexte de rigidités nominales des prix et des salaires, une baisse du taux d'intérêt, parce qu'elle diminue le coût du capital, se traduit par une hausse de l'investissement des entreprises et donc, de la demande globale et de la production. Un raisonnement symétrique s'applique aux décisions d'investissement en logement et d'acquisitions de biens durables des ménages, où la baisse du taux d'intérêt correspond à une baisse du coût de l'emprunt.

Pour que le canal du taux d'intérêt opère, deux éléments clés sont à considérer (Mishkin, 1995, 1996). D'une part, c'est le taux d'intérêt *réel* – plutôt que *nominal* – qui affecte les décisions des entreprises et des ménages, ce qui nécessite que les prix soient rigides. D'autre part, puisque c'est le taux d'intérêt à *long terme* – plutôt qu'à court terme – qui gouverne leurs décisions, il faut que les modifications du taux d'intérêt à court terme induites par les actions de la banque centrale entraînent une modification correspondante du taux (réel) à long terme6.

- *L'effet richesse*

L'effet richesse trouve ses fondements théoriques dans le revenu permanent de Friedman. L'individu (ou « le ménage ») dispose d'une richesse, constituée de ses revenus salariaux, de son patrimoine financier (actions, obligations etc.) et non financier (immobilier). Cette richesse lui permet de dégager son revenu permanent (moyenne actualisée de ses revenus présents et futurs anticipés) sur lequel est fondée sa consommation. Dès lors, tout choc affectant négativement la richesse de l'individu (*e.g.* une baisse du prix des actions et/ou de l'immobilier) va réduire son revenu permanent et donc sa consommation. Si le choc négatif est transitoire – ou perçu comme tel –, l'impact sur la consommation sera lui-même transitoire et de faible ampleur du fait de

[5] C'est le fait que les capitaux fuyant le théâtre d'opérations de crise ont tendance à se diriger vers les places non encore atteintes.

[6] Cet effet exprime la solidarité entre les places boursières et suscite des effets de richesse négatifs nés des corrections boursières.

l'actualisation sur *l'ensemble* des revenus présents et futurs. En revanche, si le choc négatif est perçu comme permanent (*e.g.* l'éclatement de bulles sur le marché boursier et immobilier), la réduction du revenu permanent sera importante, entraînant par là une réduction durable de la consommation.

- *Autres axes de contagion*

Sous l'effet de la contraction de la demande mondiale, la baisse des prix du pétrole et des matières premières, amorcée depuis le 4e trimestre devrait être l'une des voies de contagion de la crise au continent africain. Ainsi, comme vous le verrez dans le développement futur, les pays seront touchés à des degrés divers et ceci par les canaux du commerce et du taux de change.

En outre, les IDE et les transferts de fonds de travailleurs migrants sont sans contexte d'autres axes de transmission de la crise. En effet :

- la morosité de la conjoncture économique et boursière en 2008 au niveau mondial a conduit les investisseurs à développer une certaine aversion au risque. Ainsi, face aux émissions massives de bons du trésor, nombre d'entre eux ont préféré sécuriser leurs investissements et les orienter vers ces actifs, à priori sans risques. Sur le continent, on observe déjà dans la plupart des pays, un recul des IDE. Un pays comme l'Égypte, a ainsi enregistré 44% (source Banque Africaine de Développement) d'Investissements Directs Étrangers de moins qu'en 2007.

- les transferts de fonds de travailleurs migrants, véritable support de nombreuses familles en Afrique, permettent de faire face aux dépenses courantes ou d'investir dans l'immobilier. Au Sénégal par exemple, ces transferts ont été estimés à 555 Milliards de FCFA en 2008[7], en recul par rapport à 2007 (566 milliards). Les prévisions pour 2009 annoncent 400 milliards, soit une baisse plus prononcée.

Il en est résulté comme solde de tout compte, des conséquences désastreuses pour l'économie mondiale et le développement de dizaines

[7] FMI cité par Jeune Afrique dans son article « L'année 2008 a été mauvaise, 2009 s'annonce "difficile" » du 17/02/2009

de nations démunies (pays africains) de tout instrument de protection et de réplique.

II. Conséquences sur les économies développées et émergeantes

Pour mesurer l'ampleur de la crise qui, à l'origine est financière, il convient d'examiner les premières répercussions sur un certain nombre de secteurs de l'économie financière ou de l'économie réelle. Pour ce faire, il importe de distinguer les conséquences à court terme, des incidences à moyen terme.

2.1. Conséquences à court terme

2.1.1. Evolution de la situation aux Etats-Unis au cours des premiers mois

Aux Etats-Unis, 84 sociétés de crédits hypothécaires ont fait faillite ou cessé leurs activités entre janvier et août 2007, contre seulement 17 sur toute l'année 2006. La Carlyse Capital Corporation (CCC), très proche de la famille Bush s'est effondrée et ses dettes représentaient 32 fois ses fonds propres. Tous ces faits sont relevés par Millet et Toussaint (2008).

Selon l'économiste en chef de Morgan Stanley, ce serait une « grave » erreur d'anticiper un taux de croissance mondiale de 4,8 % pour les trois prochaines années. Poursuivant son analyse, il estime que le principal moteur de la croissance mondiale, les Etats-Unis est au ralenti. Il note que le marché de l'emploi est en baisse de 35% au cours des quatre derniers mois par rapport à la moyenne depuis 2004. Dans l'immobilier, la chute dans la construction a déjà englouti 1% de la croissance du PIB au cours des trois dernières années.

Ces faillites en cascade et ce chômage vont avoir des répercussions sur le reste de l'économie internationale ; car en fait, la croissance mondiale n'était qu'un mirage en ce sens qu'au cours des quatre dernières années, elle n'a jamais été soutenue. C'était le résultat de l'excès de cycle de liquidité, dû à des mesures d'urgence anti-inflationnistes prises par les grandes banques centrales du monde. Finalement, la croissance qui s'en est suivie, a été le fait d'une domination de la demande de consommation des américains comme nous l'avons expliqué plus haut.

2.1.2. Les répercussions dans les autres pays développés et émergents

Pour comprendre l'ampleur de la crise actuelle sur le reste du monde, il faut savoir que l'économie mondiale reste fortement et de plus en plus dépendante des dépenses de consommation comme source de la demande finale. Dans la zone euro, le taux de croissance de 2009 estimé au départ à 2,5% pourrait ne pas dépasser 1,5% sinon être négatif de l'ordre de -0,5%. Les analystes pensent que l'économie japonaise, quelle que soit sa force, ne pourra combler le gouffre laissé par les américains. Il est à penser que le taux de croissance du pays qui, au départ était envisagé comme positif, pourrait lui aussi connaître une croissance négative en 2009.

Malgré l'optimisme qui a toujours régné en Europe, la crise financière pourrait avoir à la fin des conséquences plus désastreuses qu'aux Etats Unis et de façon plus prolongée, car il s'agit d'effets rampants (contagion lente mais certaine). Le Dow Jones a enregistré depuis 75 ans sa plus grande perte soit 18% durant la semaine du 6 au 12 octobre 2008.

2.1.3. Les incidences en Chine et au Japon

Au cours des dix dernières années, le taux de croissance économique asiatique a été plus élevé que celui des USA, mais la part des exportations de la région vers les USA est restée identique. En d'autres termes, les économies de la zone asiatique sont restées ? dépendantes de la demande des consommateurs américains. De ce fait, elles ne pourront parer à la crise, au contraire elles en seraient profondément affectées.

L'ampleur de cette dépendance est indiquée par les données des exportations. En 2005, 32 % des exportations de marchandises de la Chine sont allées aux Etats-Unis, ainsi que 23% de celles du Japon et 20% de celles des 10 pays de l'Association des Nations de l'Asie du sud-est (ASEAN). Selon Fabio lo Verso, « *Pékin a uni son destin à Washington, en alignant le yuan au dollar. L'Etat communiste détient en outre dans ses réserves quelques 1200 milliards de dollars en forme de bons du Trésor américain. Il finance de ce fait la consommation américaine* »[8]. En un mot, les deux puissances forment une même zone

[8] Le Courrier du 22 janvier 2008, www.lecourrier.ch.

économico monétaire. Si l'une se noie, l'autre suivra. De façon spécifique, il faut savoir que la Chine est engagée à hauteur de 395,9 milliards dans Fannie Mae et Feddie Mac, le Japon pour 228,2 milliards de dollars, la Russie, pour 75,3 milliards de dollars, la Corée du Sud, pour 63 milliards de dollars, Taiwan, pour 54,9 milliards de dollars (le Journal français « *Le Monde Diplomatique* », octobre 2008).

On comprend pourquoi la crise du « lundi noir 2008 » risque d'être plus grave que celle du « jeudi noir 1929 », compte tenu de ce qui est appelé depuis plus d'une décennie, la *globalisation*. Pour s'en convaincre, prenons quelques dépêches d'agence, notamment l'AFP (23/08/2008). Selon cette Agence d'information, Général Motors, envisage de vendre son siège de Détroit. La Bank of America qui est la première banque américaine a vu la valeur de ses titres chuter de 26,23% ; le Nasdaq à dominance technologique, a perdu 100,08 points dans la seule journée du 07/08/08. Cette crise n'a pas épargné les bourses du Moyen Orient, notamment l'Arabie Saoudite qui a clôturé avec une baisse de 7% et l'Egypte de 16,47% le même jour.

Dans ce contexte, les mesures de renflouement actuelles à coups de milliards de dollars ou d'euros seront-elles suffisantes pour ramener le système sur sa trajectoire de croissance de long terme ? Depuis le début de la crise et ce malgré les différentes interventions de politiques économiques, les valeurs boursières continuent de fluctuer, marquant par là, l'inefficacité des mesures actuelles, et les hésitations des places boursières quant à une reprise rapide de la relance financière et économique.

Les incidences à moyen et long termes de cette crise financière seront donc à la fois d'ordre économique, social et politique.

2.2. Incidences à moyen terme

Ici, les incidences sont examinées principalement sur le plan économique et social.

2.2.1. Incidences économiques

Au plan économique, les mesures actuelles ont eu pour conséquence d'éviter la propagation, le prolongement de la crise financière au marché boursier où sont cotés les titres des principales sociétés industrielles et technologiques. Ce qui donne un nouveau souffle pour différer les effets économiques. Mais, il faut se souvenir que le système économique lui-même est en crise depuis quelques années et que la plupart des pays de l'OCDE revoient chaque année à la baisse les prévisions optimistes des taux de croissance du PIB. Cette année, ce taux se situerait aux environs de 1,2 à 1,4%. Dans l'ensemble, les 30 pays de l'OCDE devraient connaître une récession de 0,4% cette année 2009, et dans une perspective optimiste une reprise de 1,5% en 2010. La Banque mondiale de son côté a revu à la baisse et de façon sensible les prévisions de croissance en Chine en 2009, à 7,5%, contre initialement 9,2%, son niveau le plus bas depuis une vingtaine d'années.

Quoi qu'il en soit, en théorie, et disons même en pratique, une crise financière est souvent suivie d'une crise économique. Cela est expliqué en partie par des motifs psychologiques et de précaution à la fois de la part des ménages pour la consommation et des entrepreneurs pour l'investissement. Ainsi, au sein de l'OCDE, de nombreux investisseurs attendaient le 25/11/08, la seconde estimation du PIB américain au troisième trimestre avant de prendre des décisions. Or, la première estimation faisait état d'une baisse de 0,3%, situant la première puissance économique mondiale dans une situation voisine d'une récession[9].

Dans la situation présente, le manque de liquidités sur le marché financier et la baisse des taux d'intérêts (cas de la Fed qui a placé son taux directeur entre 0 et 0,25%), pour rendre le crédit plus facile en vue de relancer l'investissement et la consommation peuvent à moyen terme relancer les tensions inflationnistes. Au plan fiscal, la plupart des pays ont des problèmes budgétaires et les mesures actuelles sont en train d'aggraver ces déficits.

Par ailleurs, le contexte actuel favorise la propagation des monopoles, suite aux faillites de certaines sociétés et au rachat par celles qui ont pu résister à la tempête. Cette situation est perceptible dans le cas des compagnies aériennes depuis une décennie et au niveau des constructeurs automobiles. Toutes choses qui aggravent le niveau de chômage dans les pays industrialisés.

---

[9] Selon Wikipédia, une récession économique est une diminution plus ou moins prolongée de l'activité économique.

Au plan du commerce international, on observe une baisse de la demande de matières premières. Une telle situation pourrait ruiner les plans de développement de nombreux pays africains fortement dépendants du commerce de ces matières premières. Pour compenser la baisse des prix consécutive à la baisse de la demande, les pays africains vont accroître l'offre de matières premières aggravant l'épuisement accéléré des ressources naturelles et la dégradation de l'environnement. C'est l'effet « revenu objectif que l'on observe souvent chez certains agents économiques notamment les « producteurs consommateurs ». Enfin, on pourra noter d'éventuelles baisses de taux horaire de salaire ou des réductions de temps de travail, ce qui serait en contradiction avec le souci de l'Etat d'amener les ménages à consommer plus à travers la baisse des taux d'intérêt afin de rendre le loyer de l'argent moins coûteux.

2.2.2. Incidences sociales

La socialisation des pertes et la privatisation des profits par les lobbys *militaro industrialo financiers* montrent à quel point les responsables politiques des pays développés se soucient peu de l'avenir de leurs concitoyens. En effet, il résulterait des conséquences économiques précédentes, une baisse du niveau d'emploi, un fort taux de chômage (nombreux licenciements). Devant le souci de l'Etat de vouloir sauver de nombreuses sociétés financières et industrielles, il n'est pas exclu que des secteurs sociaux entiers soient abandonnés ou voient la part budgétaire qui leur était consacrée diminuer (santé, éducation, aide aux personnes démunies etc.). Déjà, la nationalisation de plusieurs banques avec des fonds publics constitue un coût pour la société et singulièrement pour les agents économiques les plus pauvres. A titre d'exemple, le renflouement de la banque franco-belge DIXIA coûte 100 euros par français. L'injection de 26 milliards d'euros par la France sera un lourd fardeau pour les pauvres. C'est pourquoi, certains ont pu dire qu'il s'agit pour le capital de « privatiser plus les profits et de socialiser les dettes ». Cela est d'autant plus vrais que certains PDG des banques et sociétés en faillite et secourues par l'Etat financièrement continuent à se faire payer des salaires à coup de millions de dollars ou d'euros pendant que des milliers de travailleurs continuent d'être licenciés.

L'une des conséquences sociales la plus grave dans le cas d'une crise économique, c'est la perte d'emplois consécutive aux licenciements opérés par les entreprises. Cette tendance se dessine déjà depuis quelques temps. A cet égard, plusieurs entreprises ont annoncé des suppressions d'emplois. C'est le cas du groupe BTP suédois Skanska, qui envisage en 2009, la suppression de 3 400 emplois dans la région nordique. De son côté, le numéro un mondial de l'acier, Arcelor Mittal aux Etats-Unis envisage le licenciement de 2 900 salariés dans le courant du 1er semestre 2009. L'OCDE, estime que le nombre de demandeurs d'emplois passera de 34 millions de chômeurs à 42 millions d'ici 2010, soit un accroissement de 8 millions de personnes (AFP, dépêche du 25/11/08 à 11h41). Pour le seul mois de novembre 2008, rapportent les statistiques américaines du 5 décembre, les USA ont annoncé la perte de plus de 500 000 emplois, et au mois de mars 2009, ce chiffre est passé à 750 000.

Historiquement, on sait aussi que le capitalisme c'est la guerre pour la conquête de plus d'espace pour son expansion. Du fait de l'existence au pouvoir dans certains pays occidentaux de coalitions *militaro industrialo financiers*, il n'est pas exclu qu'il y ait des tendances guerrières comme en 1929, afin d'ouvrir de nouveaux marchés à leurs économies de manière de refaire un nouveau partage du monde. Si, ce scénario est réalisable, il est peu probable, car il peut conduire à la destruction du monde compte tenu des potentiels militaires en présence. La plus grande probabilité c'est des conflits localisés type Irak, Afghanistan etc. Il faut dire que la relance de l'industrie de l'armement pourrait être une source de relance des économies en faillite. Pour qu'il en soit ainsi, il faut que ces militaro-industriels élargissent le champ des «nouveaux Etats voyous» ou l' «axe du mal» (Iran, Venezuela, etc.) pour justifier leurs interventions ; mais la donne a changé aux USA au plan politique et le scénario guerrier pour résoudre la crise financière et économique s'éloigne de plus en plus avec la nouvelle approche du Président Barack OBAMA.

En Afrique, la crise va peser de manière importante sur les immigrés qui verront leurs conditions de vie devenir plus précaires avec un accroissement du nombre de charters remplis d'africains, à destination de leur pays. Le racisme et la xénophobie semblent se développer en Europe et incontestablement, les premières victimes des plans de restructuration des sociétés sont les travailleurs immigrés. L'autre conséquence sera le manque à gagner pour les pays africains du fait de la baisse des transferts d'argent des travailleurs immigrés. Ce qui posera d'énormes difficultés aux pays africains sur lesquels nous reviendrons plus tard. Pour l'heure, intéressons nous aux mesures actuelles et leurs impacts.

CHAPITRE II :

LES MESURES ACTUELLES ET LEURS IMPACTS

Depuis le début de la crise, de nombreuses actions ont été entreprises afin de la juguler. Mais, il faut noter que la plupart d'entre elles ont été prises dans la précipitation. Nous en voulons pour preuve le manque de coordination de celles-ci entre les pays de l'Union européenne d'une part, et d'autre part, entre ces pays et les Etats-Unis.

A l'évidence, il s'agit d'une crise structurelle, c'est-à-dire une crise qui touche l'ensemble du système capitaliste et non pas comme certains semblaient le penser aux premières heures d'une crise qui ne portait que sur le système financier. Par ailleurs, avec la mondialisation des économies, l'incidence de la crise ne pouvait rester exclusivement au niveau des Etats-Unis, même si, elle est partie de là. Dans les explications précédentes, nous avons montré comment, même des pays comme la Chine et la Russie n'ont pu échapper à cette mondialisation. Dans ce contexte, on peut se poser la question de savoir quelles sont les mesures de long terme ? Quels sont les rôle et place des différents acteurs dans la résolution de cette crise ?

I. Les mesures

Dès le lendemain de la crise financière, chaque pays a cherché à se protéger afin de limiter autant que possible les dégâts, mais aussi pour éviter des réactions incontrôlées des opinions. Mais, comme on le sait, la crise actuelle bien que partie des Etats-Unis ne pourra pas manquer d'avoir des répercussions sur l'ensemble des pays du monde. Les raisons sont multiples : la puissance économique des USA, le pouvoir libérateur du dollar en tant que monnaie universellement admise, le développement croissant des relations économiques internationales depuis la seconde guerre mondiale. Dans ce chapitre, nous examinerons successivement : le comportement des pays développés (1), le comportement des pays émergents (2), le niveau d'implication des pays en développement (3) et dans un dernier point, le rôle des institutions de Bretton Woods (4).

1.1. Le comportement des pays développés face à la crise

Dans leur ensemble, les premières mesures des pays développés ont été de débloquer des fonds importants pour venir en aide aux institutions de crédit en difficultés. Les Etats-Unis ont particulièrement racheté les créances douteuses des sociétés immobilières en difficulté ou en faillite. On a assisté ainsi dans les faits à de nombreuses nationalisations. C'est le cas des deux sociétés immobilières américaines par qui le scandale a éclaté. Ce qui va nous intéresser ici, c'est le cadre théorique de ces mesures et la discipline observée.

1.2. Le cadre théorique des mesures

a) Le retour de l'Etat

Alors qu'au cours des trente dernières années, la chanson était « laissez faire, laissez aller », on a assisté sans transition à un retour en force de l'Etat dans l'économie. Cette politique équivaut à une remise en cause du néolibéralisme que prônaient Friedman et l'Ecole de Chicago. En d'autres termes, la crise financière semble avoir donné raison à Keynes et à ses disciples sur la nécessité d'une intervention coordonnée des pouvoirs publics pour corriger les imperfections du marché. Contrairement à l'idée de Friedman, il ne s'agit pas d'une hérésie socialiste constituant un danger pour la société capitaliste.

« La portée de la théorie de Keynes dit Ossadtchaïa (1975) est liée avant tout au fait qu'elle a jeté les fondements d'une approche nouvelle de l'économie politique - la macroéconomie, sans laquelle il est impossible de motiver la régulation - de l'Etat ». Le critère essentiel qui oppose les keynésiens et les néo-classiques qui se font aujourd'hui les défenseurs de la libre entreprise est que les premiers nient la capacité du capitalisme de s'adapter spontanément à l'utilisation la plus complète des ressources économiques. Les néo-classiques estiment quant à eux, que le mécanisme des prix et du profit est suffisant pour réguler l'économie capitaliste et que les tâches de l'Etat consistent uniquement à minimiser les perturbations pouvant être provoquées par les syndicats, les monopoles et l'Etat lui même. On n'est donc pas étonné de l'ouvrage de Friedman intitulé *Prix et Théorie économique* (1983) qui a des implications à la fois théorique et politique.

i) Au plan théorique

Dans sa préface pour l'édition française, Friedman écrit que « *la théorie des prix concerne des problèmes qui ne connaissent pas de frontières géographiques, idéologiques ou politiques. C'est une discipline positive, qui traite de ce qui est, et non une discipline normative traitant de ce qui devrait être* ».

ii) Au plan de la politique économique

Toujours dans cette préface, Friedman poursuit en disant que « *Cependant, la théorie des prix a une grande importance pour la solution des problèmes normatifs. Si nous voulons savoir s'il faut engager telle action plutôt que telle autre, nous devons être en mesure de savoir quelles seront les conséquences, et nous avons besoin pour cela de nous fonder sur une analyse positive* ».

A travers l'analyse des prix, l'auteur privilégie évidemment le « marché » où se confrontent librement la loi de l'offre et de la demande. Mais, bien qu'il s'agisse d'offre et de demande, Friedman, commence par « la théorie de la demande » au chapitre 2. Dans ce chapitre, il considère la demande comme une *donnée,* ceci à travers les besoins. Contrairement à Keynes, Friedman ne considère pas la *demande* comme fondamentale en économie car dit-il « *la relativité (c'est-à-dire la non –constance) des besoins a un certain nombre de conséquences importantes. En premier lieu, elle affecte directement la répartition des ressources car elle signifie fondamentalement qu'on a toujours davantage de besoins, ce qui amène à employer certaines personnes pour enseigner la façon d'apprécier la musique, l'art etc. En second lieu – et c'est plus important – elle signifie que la satisfaction complète de tous les besoins – c'est-à-dire, littéralement, l'économie d'abondance – est impossible. La satisfaction de tous les besoins existants à un instant donné signifierait l'apparition d'une nouvelle série de besoins* » et il faut entendre par *besoin, la demande.*

b) L'incitation à la demande

En injectant des centaines de milliards de dollars dans l'économie, dans un premier temps au niveau de l'économie financière, et dans un second temps au niveau de l'économie réelle, les pays développés veulent redonner aux institutions financières un pouvoir de financement de l'économie. En d'autres termes, il s'agit de relancer la « demande effective ». Dans ce contexte, les gouvernements des pays développés sont à la recherche des facteurs qui déterminent le volume de l'emploi. Et, en relisant la *Théorie générale,* on se rend compte que ces facteurs sont liés au volume de la « demande effective » qui, elle-même se décompose chez Keynes en deux éléments : la consommation et l'investissement.

i) Les premières mesures américaines

Le 20 septembre 2008, Le Secrétaire d'Etat américain au trésor, Henry Paulson a élaboré un plan appelé TARP (Troubled Asset Relief Program), connu aujourd'hui sous le nom de son initiateur : le plan Paulson. C'est un plan à court terme qui se veut une réponse à la crise actuelle. Ce plan consiste pour le gouvernement américain à acheter pour un montant de 700 milliards de dollars les actifs douteux que détenaient les institutions financières. Les objectifs sont les suivants : stabiliser l'économie ; améliorer la liquidité des banques et institutions financières ; s'attaquer aux racines de la crise ; restituer la confiance chez les investisseurs ; améliorer l'impact sur l'économie réelle et la croissance.

La réalisation de ces objectifs est d'autant plus nécessaire que plusieurs grandes et moyennes entreprises sont en train de retirer leur argent pour le replacer dans des actifs plus sûrs tels que les bons du Trésor garantis par l'Etat. Ce plan a fait l'objet de nombreuses critiques, notamment d'un groupe de plus de 250 économistes de diverses universités américaines. De ces critiques, on peut en retenir trois : le premier reproche fait au plan Paulson est son iniquité. C'est-à-dire que le plan est une subvention aux investissements faite aux dépens des citoyens. En d'autres termes, ceux qui sont à la base de la crise doivent être les seuls à supporter les charges et non les citoyens ; le second reproche est son ambiguïté et son manque de transparence selon ces économistes. En effet, pour eux, si ce sont les citoyens qui doivent payer, ils doivent connaître aussi les mécanismes de rachat et les modalités de gestion du portefeuille (supervision par un organisme étatique) ; le troisième défaut est l'impact du plan à long terme. Pour eux, après son impact à court terme, le plan va durer toute une génération. Autrement dit, c'est une génération qui doit supporter les conséquences.

Ces premières mesures visent à permettre aux banques de faire face à la demande de liquidité à la fois pour la consommation et l'investissement.

ii) Le plan français

Le Plan français ou Plan Sarkozy du nom du Président français son initiateur est de 26 milliards d'euros. Ce plan a comme orientation fondamentale de privilégier l'investissement par rapport à la consommation. Mieux, même dans l'investissement, une part est consacrée aux grands travaux. Mais, quelles en sont les raisons ? D'abord, en privilégiant l'investissement, il s'agit de créer de nouveaux emplois à travers la production. D'ailleurs, ce plan prévoit la création de 100 000 nouveaux emplois avec un taux de croissance de 0,6%. Ensuite, il veut éviter une spirale inflationniste que dégagerait une relance de la consommation. La particularité est qu'ici il s'agit d'investissements étatiques, donc, la rentabilité financière est moins importante que la rentabilité économique. Mais, il y a aussi une partie de l'investissement qui revient au secteur privé. Dans ce cas, comme dit Keynes, dans le Livre IV de sa *Théorie générale : « Les évaluations des rendements futurs sont fondées en partie sur des faits actuels qu'on peut supposer être connus avec plus ou moins de certitude, et en partie sur les évènements futurs qui ne peuvent qu'être prévus avec plus ou moins de confiance* ». Ici, il est primordial de rappeler toute la partie qu'il développe sur *la prévision* dans le Livre II. A ce propos, il écrit « *De la prévision en tant qu'elle détermine le volume de la production et de l'emploi* ». Ce rappel sur la prévision est important car on devrait pouvoir mesurer dans le futur les résultats atteints par ces investissements massifs.

Telles sont d'une manière synthétique les grandes stratégies actuelles des pays développées pour essayer de juguler la crise économique. Mais ces plans ne sont pas sans conséquences au plan économique.

c) le déficit budgétaire

Dans la politique budgétaire de l'Union européenne, le déficit budgétaire ne devrait pas dépasser 3% du PIB. En fait, dans la réalité, cette politique en vertu de la non intervention de l'Etat ne devrait pas être théoriquement déficitaire. Dans le contexte actuel, la plupart des Etats ont fait fi de cela et le déficit budgétaire d'un pays comme la France se situe aujourd'hui à 3,9% du PIB. Les Etats-Unis atteignaient au premier trimestre 2009, un déficit d'environ 10% du PIB.
Deux questions apparaissent ici, comment et par qui ce déficit budgétaire sera t'il comblé ?

d) la baisse des taux d'intérêt

Une baisse des taux d'intérêt signifie une rémunération plus faible de l'épargne. Il y a un double objectif ici, qui consiste d'une part, à inciter les ménages à consommer davantage au lieu d'épargner ; et d'autre part, encourager les entreprises à emprunter plus dans la mesure où le loyer de l'argent est plus faible. C'est le cycle :

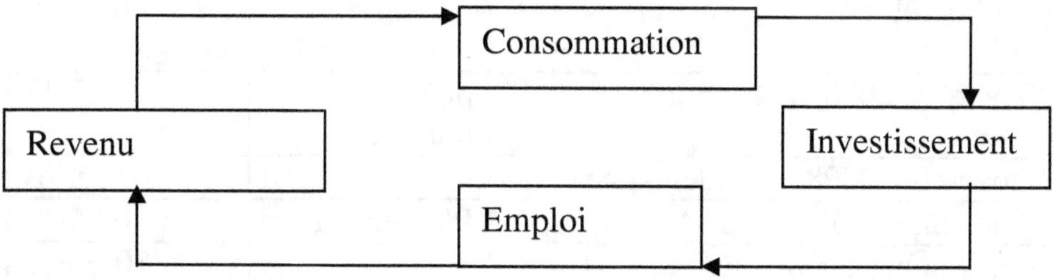

Dans un contexte de crise économique, il y a une hésitation des entrepreneurs à investir car la rentabilité du capital peut être plus faible si les taux d'intérêt sont très élevés. C'est dans ce contexte que la Fed a situé son taux directeur entre 0 et 0,25%, rendant presque gratuit le crédit. Quant à la BCE, il fait passer son taux de 1,75 à 0,50 dès le premier trimestre 2009. A ce titre, quel rôle ont joué les autres acteurs de la vie économique ?

II. Rôle et place des différents acteurs dans la résolution de la crise

2.1. Réactions des pays développés

En reprenant dans le temps les mesures prises par les pays développés, on peut dresser le bilan (tableau 3) suivant en termes d'actions qui confirment bien l'isolement des pays dans la prise de décision.

Tableau 3 : Synthèses chronologiques des mesures prises pour combattre la crise

Période	**Pays**	**Type de mesure**	**Coût (milliards)**
Début de 2008	USA	programme de relance	168 $US
Le 14 octobre 2008,	Australie		65 $US
30 octobre 2008	Japon	plan de relance	260 $US
5 novembre 2008	Allemagne		63 Euros
18 novembre2008	USA	Plan Paulson	700 $US
24 novembre 2008	Royaume-Uni		30 Euros
26 novembre 2008	Belgique		163 Euros
4 décembre 2008	France		26 Euros
janvier 2009	Allemagne		50 Euros

De ces réactions, nous retenons surtout la promptitude des pays développés à sauver les économies en difficultés, contrairement à certains groupes comme les pays émergents et les PVD, restés quelque temps silencieux.

2.2. Comportement des pays émergents et nouveaux rapports de forces

Les pays émergents tels que le Brésil, l'Inde, la Russie et la Chine entre autres jouent un rôle de premier plan dans l'économie mondiale. Les pays émergents dans leur ensemble connaissent un accroissement de leur revenu par habitant et donc de l'augmentation de leur part de revenu mondial. Ils se caractérisent par leur intégration rapide à l'économie mondiale d'un point de vue commercial (importations et exportations) et financier (ouverture des marchés financiers aux capitaux extérieurs). Ainsi, ces pays investissent de plus en plus à l'étranger : 117 milliards de dollars en 2005, soit 17% du total mondial contre 10% en 1982[10].

---

[10] D'après le rapport annuel sur l'investissement de la Conférence des Nations unies pour le commerce et le développement, chiffres cités dans « Le groupe indien Tata Steel prêt à racheter le sidérurgiste Corus », *Le Monde*, 17/10/2006.

Si à la première heure de la crise, les pays émergents ne se sont pas signalés, ils font de plus en plus entendre leurs voix.

Dès le 9 novembre le gouvernement chinois annonce un plan de relance de 15% de son PNB dans les deux ans à venir pour dynamiser la croissance. Les 4 000 milliards de yuans (soit 454 milliards d'euro ou 573 milliards de dollars américains) iront à des grands travaux d'infrastructures :

- travaux ferroviaires, de ports, d'autoroutes et de grands travaux hydrauliques (45%) ;
- reconstruction du Sichuan (25%) ;
- développement des campagnes (9.25%) ;
- 'environnement, principalement des stations de traitement des eaux usées (8,7%) ;
- logements sociaux (7%) ;
- santé (1%)).

Ce budget contient les 1 000 milliards de yuans décidés pour la reconstruction de la province du Sichuan en juin 2008 suite au séisme du Sichuan de mai 2008. Tout comme la France, la Chine a donc opté pour une politique d'investissement pour relancer l'emploi.

2.2.1. Exigences des pays émergents et renforcement de la coopération internationale

a) Création d'une monnaie internationale

La crise a mis en exergue les faiblesses inhérentes du système financier international actuel, ce qui reflète la nécessité d'avoir une monnaie de réserve internationale déconnectée des nations individuelles de leurs enjeux intérieurs, et capable de rester stable sur le long terme. Ainsi, les pays émergents réclament la création d'une monnaie internationale. Plusieurs raisons expliquent cette exigence. En effet, au vu de la profondeur de la récession américaine et de la volonté des Etats-Unis de sortir de la crise en creusant encore un déficit public en route vers les 2 000 milliards de dollars, la remise en cause du billet vert est juste, surtout de la part de la Chine, dont les réserves de change (évaluées à quelques 2 000 milliards de dollars) sont en grande majorité libellées en devise américaine. Ce pays redoute que la dégradation de l'économie américaine ne porte atteinte à la crédibilité de sa devise.

Aussi, la volonté de la Fed de maintenir son principal taux directeur à un niveau quasi nul et de faire tourner la planche à billets de manière agressive ne peut que pousser le dollar encore à la baisse. Les Etats-Unis y ont intérêt, ne serait-ce que pour se prémunir du risque de déflation. De son côté, la Chine a raccroché sa monnaie au dollar.

La perte de poids du billet vert, qui pèse encore pour 64% dans les réserves mondiales des banques centrales (contre 26% pour l'euro), est une tendance lente, mais réelle. Pour ne pas accélérer la chute du dollar, Pékin ne peut se délester trop rapidement de ses dollars, mais la diversification de son panier de devises, déjà entamée depuis quelques années, se poursuivra. Seule la création d'une monnaie internationale peut régler le problème. C'est pourquoi lors de la réunion du G 20 à Londres en mars 2009, les Chefs d'Etats et de Gouvernement présents ont reparlé des Droits de Tirages Spéciaux (DTS) qui renforceraient le rôle du FMI. Dans le même temps, les pays d'Amérique latine avec le Venezuela en tête, préconisent la création d'une banque centrale pour ce continent avec l'émission d'une monnaie qui se substituerait au dollar.

b) Renforcement de la coopération internationale

Pour lutter contre la crise financière et économique, les pays émergents notamment la Chine, préconisent le renforcement de la coopération internationale. En effet, « *aucun pays ne peut demeurer immunisé contre cette crise, et le seul choix correct pour nous tous, c'est de travailler et lutter ensemble contre la crise* » (Hu, 2009)[11]. Pour ce faire, il exhorte tous les pays à entamer une évaluation correcte de la situation de la crise, à multiplier les échanges, à s'entraider l'un l'autre et à surmonter les difficultés par les efforts conjugués.

Cette promotion de la coopération internationale est souhaitable dans les nouvelles industries, notamment dans les domaines de la conservation énergétique, du contrôle de pollution, de la protection environnementale et la production de nouvelle énergie qui pourrait être l'une des sources de la croissance économique mondiale. Les premiers résultats de cette coopération sont la mobilisation des fonds pour protéger les pays en développements des méandres de la crise pour laquelle, ils n'ont rien à voir. Au total, un plan de 1 100 milliards de dollars a été adopté par le G20 pour sortir le monde de la crise actuelle. Les transferts de ressources

[11] Extrait de son discours livré lors du Sommet du G 20 à Londres.

devraient aller aux pays en développement qui ne sont pas responsables, mais victimes de l'actuelle crise. Ces sommes incluraient notamment une hausse marquée de l'aide au développement et un soutien économique direct articulé par le Fonds Monétaire International (FMI).

L'autre aspect du renforcement de la coopération internationale est le renforcement de la régulation et la lutte contre les paradis fiscaux. Ceci permettra de prévenir et de résoudre les crises, via le lancement d'exercices d'alerte précoce par le FMI et le Forum de stabilité financière.

2.2.2. Nouveau rapport de forces mondiales

Derrière toute crise, un changement se profile à l'horizon, surtout quand elle est aussi importante que celle-ci. Et, cet horizon a beau être de 10 ou 15 ans, il n'empêche pas les choses de se mettre en place, doucement, mais de manière inéluctable. C'est un nouveau rapport de forces mondiales qui se dessine, et dans ce rapport de force, ce sont les pays émergents qui prendront les commandes de l'économie mondiale. Ceci s'explique par trois phénomènes selon Pigasse, un banquier d'affaires très connu en France. D'abord par le fait que les rentes de demain, les rentes du futur sont dans les pays émergents. En effet, la rente du capital, se trouve en Asie du Sud Est et dans les pays du Golfe ; soit sous forme d'une épargne abondante, soit sous forme de réserves de change colossales. Ensuite, les pays émergents, avec une croissance démographique forte, une population à la fois plus nombreuse et plus jeune, et de mieux en mieux formée, il est clair que la démographie va pousser ces pays vers l'avant. D'autant plus que le coût salarial reste encore deux fois moins élevé que celui des pays occidentaux. Par conséquent, la rente du travail leur appartient. Enfin, on trouve la rente des matières premières dans les pays émergents. Que ce soit les réserves pétrolières, minières ou agricoles, toutes ces matières vont repartir à la hausse parce que les réserves s'épuisent alors que la demande - celle des pays riches - restera forte.

Si l'Occident possède encore une rente d'avance -la rente technologique-, s'interroge Pigasse, c'est pour combien de temps encore ? Petit à petit, les pays émergents viennent grignoter cette rente. L'Inde et la Chine forment à elles seules autant d'ingénieurs que l'Europe. Et l'Inde, la Chine, mais aussi la Russie et la Corée du Sud déposent plus de brevets que la France. Cette rente technologique est donc de plus en plus partagée.

En clair, si les pays développés ont été pendant longtemps le moteur de la croissance des pays émergents, il faudra se résoudre à penser qu'un jour, suivant l'évolution de l'histoire de l'humanité, ce sera l'inverse. Du coup, l'influence politique changera également un jour de camp.

2.3. Niveau d'implication des pays en développement

Au départ, la crise était essentiellement une préoccupation des pays développés, notamment les USA. Mais, au fur et à mesure qu'elle a pris une connotation économique, elle touche de plein fouet les économies pauvres. En dépit donc de sa faible intégration avec le reste du monde, l'Afrique souffre et souffrira de cette crise.

Dans les pays développés, la crise des subprimes a été l'objet de nombreuses réactions et interventions des hommes de science, des praticiens et des gouvernements. Ce qui a fait couler beaucoup d'encre et créé une forte animation autour de la question. Contrairement à cette situation, le constat apparaît tout autre dans les pays en voie développement et singulièrement en Afrique. Au départ, excepté quelques voix, la réaction des principaux acteurs économiques et des dirigeants est restée dans son ensemble marquée, selon les contextes, soit par le silence, soit par la minimisation de la crise.

En effet, malgré l'inquiétude justifiée dans les écrits de certains économistes avertis comme le brésilien Montega et Thiombiano (2008), les pays en développement et particulièrement l'Afrique est restée sans réaction comme le souligne Kassé (2008). L'Afrique minimise les risques, et ne prend aucune initiative sérieuse à long terme contrairement aux mouvements déclenchés un peu partout dans les pays développés en termes de mesures et de politiques économiques. Mais, en réalité, une telle réaction n'est pas un fait du hasard ou un manque d'initiatives ou d'idées, en témoignent les écrits de Guido Montega, Taladidia Thiombiano, Mustapha Kassé...

Cette léthargie globale au départ de la crise se justifie par les déclarations plutôt rassurantes de certains hauts responsables comme Chukuwama Solido, Baghdadi Mahmoudi et le Gouverneur de la BCEAO qui pensaient qu'en dépit des menaces qui pèsent sur le système financier mondial, les finances africaines sont en sécurité et que les « banques sont sures et ne courent aucun risque »[12]. Ce qui constitue tout simplement une conception idyllique de l'économie mondiale et surtout de l'Histoire, en témoignent aujourd'hui les conséquences qui pèsent sur les économies sous développées avec la transformation de la crise financière en crise économique. La thèse selon laquelle il n'y aurait pas de contagion n'a pas tenu. La crise s'étend à tous les pays. La négation ou la négligence du réel n'est pas la solution aux crédits « toxiques ». Fort heureusement, cette tendance va être rapidement renversée par les premières décisions des grandes institutions comme la BCEAO, la BAD et l'UEMOA.

2.4. Rôle des institutions de Bretton Woods

Nous nous intéressons au rôle des institutions de Bretton Woods dans la crise actuelle et leur contribution à sa résolution en ce sens qu'elles ont été créées après la crise boursière, financière et économique de 1929. Le souci des fondateurs était d'avoir des organismes qui régulent le fonctionnement de la finance internationale afin d'éviter de replonger dans une crise similaire à celle que le monde venait de connaître. Dans le même temps, il fallait un outil pour aider à la reconstruction des pays ruinés par la crise de 1929 et la guerre de 1939-45.

2.4.1. Rappel historique de la naissance des institutions de Bretton Woods

a) contexte historique

Les Accords de Bretton Woods selon Wikipédia, l'Encyclopédie libre du 05/02/02 *sont des accords économiques ayant dessiné les grandes lignes du système financier international après la Seconde Guerre mondiale.*

L'objectif fondamental était de créer une organisation monétaire mondiale et de favoriser la reconstruction et le développement économique des pays touchés par la guerre. Ces accords ont été signés le 22 juillet 1944 à Bretton Woods aux Etats-Unis après trois semaines d'intenses débats entre 730 délégués représentant 44 nations *alliées* qui

---

[12] Chukuwama Solido

venaient de vaincre le nazisme. L'URSS était observatrice. Bien entendu, la plupart des pays africains qui étaient encore sous tutelle coloniale n'y étaient pas.

Deux auteurs avaient préparé ce plan d'ensemble, Keynes, qui dirigeait la délégation du Royaume Uni, et Harry Dexter White, assistant au Secrétaire au Trésor des Etats-Unis. Pour la petite histoire, il faut rappeler que le plan Keynes, élaboré dès 1941, mettait l'accent sur la création d'un système monétaire mondial fondé sur une unité de réserve non nationale, appelée le bancor. White, pour sa part privilégiait le rôle de pivot du dollar américain et proposait plutôt de créer un fonds de stabilisation construit sur les dépôts des Etats membres (*FMI par la suite*) et une banque de reconstruction (*future BIRD*) pour l'après-guerre.

En définitive, au cours de cette conférence, c'est la position de White qui prévalut, organisant le système monétaire international autour du dollar américain, avec un rattachement nominal à l'or. Deux institutions naquirent lors de cette rencontre, et qui sont : la Banque internationale pour la Reconstruction et le Développement (BIRD) et le Fonds Monétaire International (FMI). Dans le même ordre d'idée, un troisième organisme aurait dû être créé, chargé du commerce international. Cet organisme ne verra le jour qu'en 1995, sous le nom d'Organisation Mondiale pour le Commerce (OMC). Toutefois, à la place a été créée le GATT, une structure intermédiaire.

Aujourd'hui, la Banque mondiale compte 184 pays, représentés par un Conseil de Gouverneurs. Elle est la résultante de l'élargissement de la BIRD et se compose de cinq institutions que sont : la Banque internationale pour la Reconstruction et le Développement (BIRD), l'Association internationale de Développement (IDA), la Société financière internationale (SFI), l'Agence multilatérale de Garantie des Investissements (MIGA), le Centre international pour le Règlement des Différends relatifs aux investissements (CIRDI).
Le Fonds monétaire international a été créé afin d'éviter le retour à l'étalon-or qui semble t-il avait montré ses limites. Le *Gold Exchange Standard* est fondé sur une seule monnaie, le dollar américain. De ce fait, toutes les monnaies sont définies en dollar, et seul le dollar est défini en or. Le rattachement à l'or, sur la base de 35 dollars américains l'once d'or, suppose qu'il y aura une certaine discipline de la part des Etats-Unis

qui chercheront à maintenir la valeur « réelle » de leur monnaie. Il faut rappeler qu'à l'heure actuelle, l'once d'or vaut 1000 dollars.

Dans ce système, les différentes monnaies nationales à l'exception du dollar ont un taux de change fixe mais ajustable si la nécessité se fait sentir avec l'approbation des autres pays. C'est dans ce contexte qu'il était devenu indispensable de créer une institution qui devrait jouer le rôle de gendarme monétaire. Ainsi, le FMI a pour but de surveiller les politiques nationales pour s'assurer qu'elles ne dérapent pas et d'intervenir en cas de crise de change pour fournir de la liquidité au pays concerné moyennant la mise en place d'une politique de redressement. Un des soucis majeurs était d'éviter les dévaluations compétitives entre les différentes monnaies qui avaient conduit à la crise de 1929.

Tacitement, le système voudrait qu'on ne demande pas le remboursement des dollars américains détenus par un pays en or. Finalement, il apparaît, que la croissance et l'inflation internationales dépendent désormais du dollar.

Bon an mal an, ce système a servi de cadre de relance de l'économie capitaliste entre 1945 et 1974, ce qui fut appelé les Trente Glorieuses. Cette période verra le décollage économique et l'opulence du système capitaliste mondial et partant de l'Occident.

L'inconvénient du système, c'est qu'aucun contrôle n'a été instauré par les Accords de Bretton Woods sur la quantité de dollars américains émis, de telle sorte que les Etats-Unis ont la possibilité de ne pas respecter leurs engagements vis-à-vis des comptes extérieurs, cela d'autant plus qu'il y a un grand besoin de dollars au plan international pour la reconstruction des pays ruinés par la guerre. C'est ainsi que le système de changes fixes s'écroule en 1973 avec l'adoption d'un système de changes flottants. La raison principale étant l'émission inconsidérée de dollars par les américains afin de financer la guerre du Viêt-Nam.

Le système de changes flottants est basé sur les lois du marché, c'est-à-dire de l'offre et de la demande de monnaie. Ce sont les accords du 8 janvier 1976 à Kingston (Jamaïque) qui vont confirmer l'abandon du système de changes fixes et l'adoption du régime de changes flottants. Dès lors, il n'y a plus de système monétaire international organisé. Le FMI perd son rôle technique qui était de rappeler à l'ordre les pays en cas de dérapage. De telle sorte que la crise d'identité de l'institution ne fera que s'accentuer dans le temps.

b) la position des économistes

Il n'y aura pas d'unanimité des économistes quant à l'adoption de ce nouveau système. Milton Friedman, est le principal théoricien de ce système de changes flottants. Avec son Ecole de Chicago, il va conforter le consensus général sur les avantages des taux de changes flottants. Dans le même ordre d'idée, dans *L'or et la crise du dollar* (1960), Robert Triffin souligne que les Accords de Bretton Woods impliquent que les Etats-Unis aient une balance des paiements déficitaire afin d'alimenter le monde en moyens de paiements internationaux. Il relève cependant que la situation contribue à un affaiblissement progressif de la confiance de l'extérieur dans la monnaie américaine. Les besoins importants de l'économie internationale en une monnaie fiable, le dollar, contribuent paradoxalement à la perte de confiance en la crédibilité de cette devise. Triffin voit dans ce paradoxe un dilemme insurmontable, connu sous le nom de «dilemme de Triffin », qui conduit inévitablement à un effondrement du système et invite, dès 1960, à une réforme du système monétaire mondial.

A contrario, Allais (1999) soutient que le flottement des monnaies introduit un risque supplémentaire dans les contrats et qu'il est une des sources du développement de produits financiers complexes, comme les produits dérivés. Cette position a été confirmée au début du 21ième siècle par un gonflement de ces produits financiers qui sont considérés comme une des bases de la crise financière actuelle. En 1999, dans son ouvrage paru aux Editions Clément Juglar, il annonce l'éventualité d'une crise systémique avec la célèbre phrase « *ce qui doit arriver arrive* ».

D'autres auteurs, allant dans le même sens que Allais, ont constaté que la spéculation sur les monnaies de la part des fonds spéculatifs avait été encouragée par le flottement des monnaies, provoquant un développement des flux financiers sans rapport avec l'économie réelle. On peut comprendre pourquoi de nombreuses voix s'élèvent pour demander la réforme du système monétaire international.
Plusieurs pays émergents plaident pour une révision en profondeur du fonctionnement du FMI, qui demeure « *menotté par les pays anglo-saxon et européens* », selon les pays pauvres. L'Inde demande par ailleurs que

les conditions de prêts « rigides et intrusives » de l'organisation soient revues, notamment la politique de quotas au sein du FMI.

En somme, toutes ces politiques devraient être suivies d'une surveillance de la mise en œuvre des actions approuvées au Sommet de Londres (2009) afin de surmonter la crise dans les délais les plus brefs possibles. Si on s'en tient aux objectifs historiques de ces institutions, on peut comprendre les raisons pour lesquelles les pays en développement, et notamment les pays africains avaient demandé l'intervention de la Banque mondiale et du FMI pour les aider à rétablir les grands équilibres macroéconomiques. Mais, comme on le voit, les grands pays développés, en dépit de la crise qui se profilait à l'horizon n'ont jamais fait appel à ces institutions. Au contraire, chaque pays a essayé de prendre des mesures nationales ou tout au plus sous régionales en ignorant les garde fous qu'ils avaient mis en place en 1944.

2.4.2. Les interventions des institutions de Bretton Woods en Afrique

Bien que la Banque mondiale et le Fonds monétaire international aient commencé leurs interventions en Afrique depuis les indépendances, ces deux institutions n'ont commencé à être véritablement connues du public qu'à partir de l'introduction des Politiques d'Ajustement structurel des années 80. L'idée des PAS est partie des politiques économiques appliquées librement par certains pays développés pour corriger les déséquilibres externes et internes de leurs économies. Le double déséquilibre se manifeste par une balance de paiements en déficit ou en surplus et au niveau interne par un déficit budgétaire. Ces politiques ont connu un certain succès dans ces pays. C'est fort de cela et constatant les mêmes phénomènes de déséquilibre dans les pays africains au sud du Sahara, que les Institutions de Bretton Woods, à la demande des pays africains ont proposé des remèdes similaires appelés Programmes d'Ajustement structurel (PAS).

a) Définition des PAS

Les Programmes d'Ajustement structurel sont des mesures de politiques économiques composées de la stabilisation, c'est-à-dire d'une politique à court terme (6 à 24 mois) de redressement des déséquilibres macroéconomiques externes (Balance des Paiements) et internes (budget, prix, demande) et, l'ajustement à moyen et long termes des structures économiques (désengagement de l'Etat et confiance au marché) et de la superstructure (multipartisme, démocratie…) en vue d'une croissance équilibrée.

Si stabilisation et ajustement structurel doivent être distingués comme le souligne Morrison (1992), ils relèvent toutefois de la même logique. Il s'agit de traiter la même pathologie par une action curative, pour l'une, et par une action préventive pour l'autre. Le diagnostic qui est fait relève que, comme pour les pays développés, les déséquilibres qui ont conduit à une crise financière tiennent en partie à une insuffisance de l'offre domestique par rapport à la demande. Cette conclusion est le fondement logique de la théorie dominante de l'époque.

b) Approche théorique des PAS

L'approche théorique des PAS est basée sur trois critères qui sont : les prix, la demande intérieure et enfin le marché monétaire.

- *L'approche par les prix relatifs* est basée sur l'idée que c'est le système de formation des prix qui crée les dysfonctionnements. L'excès d'administration des prix et des échanges (subventions, taxation, fixation des prix) introduit des biais, conforte les secteurs protégés dans une structure des coûts non concurrentielle, et entrave finalement l'expansion des secteurs ouverts vers l'extérieur, moins bien rémunérés. La condition absolue pour un retour à la croissance équilibrée repose sur la libéralisation des prix et des échanges ;

- *L'approche de l'absorption* insiste avec Polak (1957) sur l'excès de la demande intérieure par rapport au revenu disponible. Une stricte politique budgétaire liée à une politique de hausse des taux d'intérêt, permettent de contrôler l'absorption, d'accroître le niveau d'épargne et, s'il n'y a pas de limite de plein emploi, d'augmenter l'offre ;

- *L'approche monétariste* estime que la condition pour le rétablissement des réserves extérieures est de limiter l'offre de monnaie (en limitant le crédit) ou en faisant baisser la valeur de la monnaie (dévaluation). Les encaisses réelles détenues par les agents comptabilisent une réduction en valeur, ce qui entraîne une compression de la demande intérieure qui s'ajuste au stock de monnaie compatible avec l'équilibre des paiements extérieurs. C'est la partie stabilisation.

En son temps, Thiombiano (1993)[13] avait montré que les caractéristiques des économies africaines n'étaient pas similaires à celles des pays développés et que, de ce fait, vouloir appliquer la même thérapeutique pouvait conduire à des échecs. En effet, il s'était posé la question de savoir si « *tous ceux qui souffrent du paludisme sont soignés et guéris par la nivaquine* ? »

Ces rappels ont pour objectif de mettre en évidence les causes des échecs des PAS et ensuite d'attirer l'attention des décideurs sur un transfert sans conditions des mesures de politiques économiques actuelles appliquées par les pays développés pour résoudre leur crise aux économies africaines. Une politique économique doit toujours être en conformité avec la situation économique du pays.

Après avoir libéralisé les économies africaines et procédé au désengagement total de l'Etat de l'activité économique, et, maintenant que les pays développés retournent à l'intervention de l'Etat, quelle doit être l'attitude des pays africains ? Revenir à l'intervention de l'Etat, après avoir détruit ce qui a été bâti pendant deux décennies, voire trois décennies ? Ou bien, continuer avec une politique libérale, qui en fait avait du mal à prendre ?

2.4.3. Rôle actuel des institutions de Bretton Woods dans la résolution de la crise

Dans le point qui sera développé, nous retiendrons deux aspects : leur rôle au niveau international et ensuite leurs interventions pour juguler la crise en Afrique.

---

[13] in *Inadaptation des PAS aux économies africaines : cas de l'agriculture (CEDRES/Laval).*

a) Rôle au plan international

On se rappelle que le FMI devait être le gendarme monétaire du monde. Malheureusement, en dehors des pays en développement et de certains pays émergents tels que l'Argentine, le Brésil, le Mexique, la Corée du Sud etc., les recommandations de cette institution ont été souvent ignorées par les pays développés.

A titre d'exemple, le FMI recommande que pour 1 dollar déposé en réserve, une banque ne puisse pas accorder plus de 12 dollars de prêts alors qu'au niveau de la Fed, une banque peut accorder jusqu'à 32 dollars. Selon les principes théoriques du néolibéralisme, c'est l'accroissement de l'épargne qui devait entraîner la baisse des taux d'intérêt. Dans le cas des Etats-Unis, il y eut effectivement baisse des taux d'intérêt passant de 14% à 4,5% entre 1982 et 2003, mais il n'y a pas eu augmentation de l'épargne. L'épargne en moyenne a été de 3% entre 1993 et 2006 contre 12,2% pour la France et 10,4% pour l'Allemagne. Ce système déréglé de la Fed a aggravé le déficit commercial des Etats-Unis. A ce déficit s'ajoute le déficit budgétaire que Maurice Allais estimait déjà en 1999 à plus de 1 000 milliards de dollars et les nouvelles estimations font état d'un total cumulé de 53 000 milliards de dollars[14].

i) rôle du FMI

La récente crise financière a posé la question de la place du FMI dans sa détection et, partant, de la nature de sa mission en matière de surveillance financière comme le note « *Activités du FMI et de la Banque mondiale en 2007/2008* » de la République française. Le rapport rappelle que le cœur de l'activité de surveillance du FMI est la surveillance macroéconomique. Cette surveillance doit porter sur les marchés financiers, le rôle des institutions financières dans la stabilité économique, l'évolution des balances des paiements.

Le FMI, en collaboration avec le Forum de la Stabilité Financière (FSF), des acteurs privés du secteur financier, les autorités de nombreux pays ainsi que les principales Banques centrales ont élaboré des réponses à apporter à la crise financière.

---

[14] Selon ELAyam-2 « crise financière mondiale ou échec du capitalisme » du 04/12/08.

Ces réponses sont :

- *Améliorer la gestion des risques*, consistant à mieux encadrer les risques liés aux actifs « hors-bilan » ;
- *Repenser le rôle des agences de notation ;* en particulier celles concernant la notation de risques structurés ;
- *Promouvoir une plus grande harmonisation des pratiques comptables,* à travers une plus grande fiabilité des méthodes de valorisation des instruments financiers ;
- *Coordonner les procédures d'injection de liquidité des banques centrales,* en évitant de trop grandes différences de pratiques ;
- *Améliorer la supervision des crises*, en accroissant la coopération et les échanges d'information entre les superviseurs et mieux anticiper les risques liés aux innovations financières.

Dans le rapport, il apparaît que le FMI a développé une expertise en matière de surveillance financière et d'analyse des interactions entre la sphère financière et la sphère réelle. En collaboration avec le FSF, il devrait être possible de donner naissance à un « système d'alerte précoce ».

S'agissant de la crise alimentaire de 2007, le FMI a donné plusieurs causes explicatives de cette hausse brutale des prix sur les marchés alimentaires, qui sont : un déséquilibre entre l'offre et la demande, des stocks historiquement bas, une augmentation de la production de biocarburants, les incidences des changements climatiques, la répercussion de prix élevés du pétrole, et enfin, les restrictions aux exportations. Nous ajouterons qu'en fait, le véritable problème est l'excès du néolibéralisme et l'orientation de la production agricole africaine vers les cultures de rente. Face à cette crise, les services du FMI et de la Banque mondiale, pour des soucis d'équilibre budgétaire ont préconisé que les gouvernements répercutent sur le consommateur et les producteurs, cette hausse de prix. Les deux institutions rejettent l'idée d'un contrôle des prix, d'une baisse des taxes sur la consommation et la mise en place de subventions ciblées qui se traduiraient par des coûts budgétaires très importants, note le rapport français de 2008.

Une des décisions les plus importantes au cours de ces dernières années a été l'adoption par le FMI, le 15 juin 2007, de la décision permettant d'évaluer le caractère « fondamentalement désaligné » du taux de change effectif réel (TCER) des pays membres par rapport aux fondamentaux de leur économie.

ii) Rôle de la Banque mondiale

En 2007, le nouveau président de la Banque mondiale a proposé un agenda stratégique centré sur six points qui sont :

- réduire la pauvreté dans les pays les plus pauvres, notamment l'Afrique ;
- accroître l'engagement de la Banque mondiale dans les Etats fragiles et post-conflits ;
- améliorer l'offre de la Banque mondiale dans les pays à revenu intermédiaire (PRI) ;
- renforcer l'engagement de la Banque en matière de biens publics mondiaux ;
- développer le Monde arabe ;
- renforcer la fonction « savoir et connaissance ».

C'est dans ce cadre que l'Association Internationale de Développement (AID), un des membres du groupe de la Banque mondiale a reconstitué ses fonds à un niveau de 40 milliards de dollars selon le Rapport Français de 2008. Par ailleurs, la Banque a amélioré ses outils de prévention des actions procédurières contre les pays pauvres les plus endettés, notamment par les modifications appropriées à la Facilité de Réduction de la Dette (FRD).

Enfin, la Banque mondiale a retenu récemment un mécanisme de financement rapide de 2 milliards de dollars pour faire face à la crise ; Il s'agit de :

- financer les dépenses nécessaires au maintien de la stabilité économique et au soutien à la croissance ;
- permettre de maîtriser la volatilité des prix ;
- protéger les populations les plus pauvres ;
- financer les dépenses budgétaires relatives aux secteurs des infrastructures, de l'éducation, de la santé etc.

Dans le même temps, afin d'éviter les réactions qui ont suivi la crise de 1929, elle recommande aux Etats de ne pas recourir au protectionnisme.

b) Rôle au plan africain

Pour faire face à la crise, le FMI a élaboré un scénario de sauvetage de base qui demanderait 25 milliards de dollars. Son Directeur, Dominique Strauss-Kahn, estime dans un scénario catastrophe que 48 pays africains en difficulté auraient besoin de 138 milliards de dollars pour préserver leurs maigres réserves de change tombées sous la limite des 3 mois d'importations rapporte le Journal *Le Monde* du 11/03/09. Ce qui est certain, c'est que la réunion du G.20 à Londres n'a pas dégagé une stratégie claire en matière de soutien à l'Afrique. Ce que l'on peut noter, c'est que dans le cas de la crise alimentaire mondiale, le FMI comme la Banque Mondiale ont toujours recommandé de ne pas recourir aux subventions, ni aux détaxations.

Pour le moment, il est difficile de dégager une stratégie suffisamment claire de ces deux institutions en ce qui concerne l'aide à l'Afrique. Nous croyons savoir que les 500 milliards de dollars supplémentaires promis au FMI lors de la réunion de Londres seront davantage consacrés au soutien aux pays émergents principalement d'Europe Centrale.

Ce qu'il faut savoir c'est que tout changement introduit dans un système par des mesures de politiques économiques implique la naissance de nouveaux phénomènes qui nécessitent à leur tour de nouvelles mesures de correction. Quelles sont donc les implications théoriques des politiques économiques actuelles ?

III :

IMPLICATIONS THEORIQUES DES POLITIQUES ECONOMIQUES ACTUELLES

Déficit budgétaire et financement de la crise

Depuis le début des années quatre-vingt-dix, et la grave crise économique qui a frappé les économies européennes, l'aggravation des déficits et des dettes publiques a jeté le trouble sur l'incidence et les fondements mêmes des politiques budgétaires actives menées par les gouvernements. D'une part, la hausse des déficits publics a pu être perçue par certains comme la cause essentielle de la hausse des taux d'intérêt par le truchement de l'effet d'éviction. D'autre part, l'utilité et l'efficacité même de la politique budgétaire ont été remises en question. Mais, que dit réellement la théorie économique ?

L'impact des déficits publics sur l'activité est depuis longtemps l'objet de controverses entre les keynésiens, pour lesquels un accroissement *ex ante* du déficit budgétaire exerce un effet positif sur l'activité par le canal du « multiplicateur », et les néo-classiques, pour lesquels l'activité est entièrement déterminée par l'offre, si bien que les déficits publics n'ont aucun effet sur l'activité à court terme.

Ceci s'applique évidemment aussi aux politiques de réduction des déficits qui ont été conduites en Europe : pour les keynésiens, réduire les déficits publics a des effets défavorables sur la croissance à court terme (au point qu'une telle politique risque de ne permettre qu'une restauration très limitée des finances publiques) ; pour les néo-classiques, il n'en est rien. Les deux camps peuvent en revanche se rejoindre sur l'utilité de baisses d'impôts : les keynésiens au nom du soutien au revenu, les néo-classiques pour accroître l'incitation à investir et travailler à réduire les distorsions du côté de l'offre.
Avec la crise actuelle, les solutions proposées par la plupart des pays ressuscitent la théorie keynésienne et soulèvent quelques interrogations. Quelle est donc l'efficacité de cette théorie à résorber cette crise ? Quelles peuvent être les conséquences d'un financement de la crise par un déficit budgétaire ?

1.1. Approche keynésienne - Multiplicateur et contraintes budgétaires

Keynes part du principe que les dépenses publiques constituent un levier important pour agir sur la croissance économique et sur l'emploi. Cependant, pour éviter le risque d'effets pervers sur l'inflation et sur l'équilibre du commerce extérieur, cette politique doit rester un instrument de régulation conjoncturelle.

Schématiquement, le principe de la politique budgétaire keynésienne se présente comme suit :

Graphiue 3 : Politique budgétaire keynésienne

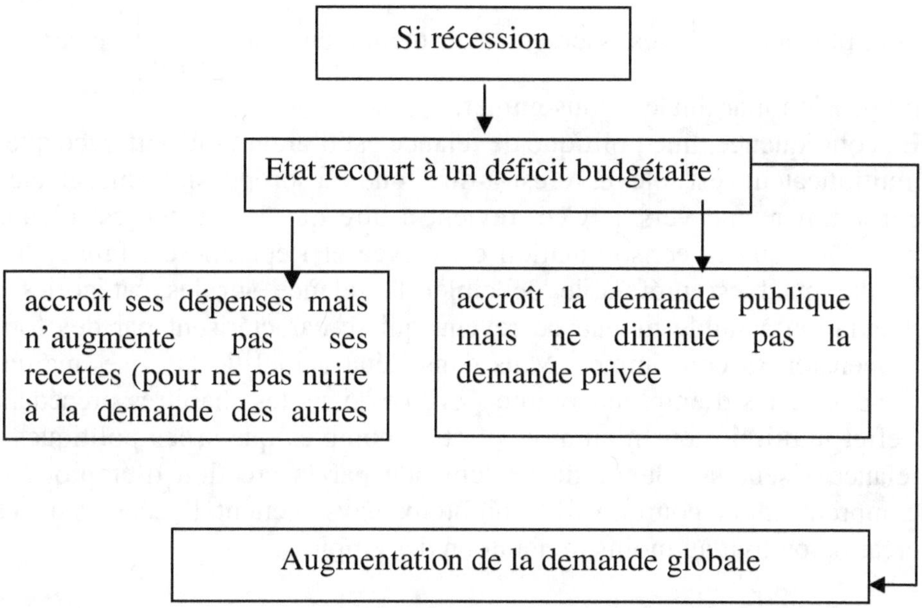

De ce schéma, il ressort qu'en cas de récession, l'Etat peut recourir au déficit budgétaire par l'intermédiaire de deux canaux pour accroître la demande globale :

- accroître les dépenses sans augmenter les recettes pour ne pas nuire aux autres agents économiques ;
- accroître sa demande sans réduire celle du privé.

L'efficacité de cette politique repose sur un argument théorique : le multiplicateur. On distingue généralement le multiplicateur budgétaire et le multiplicateur fiscal, et des dépenses de transfert. Les effets du multiplicateur d'une économie fermée différent de ceux d'une économie ouverte.

(i) En économie fermée

La dépense publique, notée G, est considérée comme étant l'une des composantes de la dépense autonome ($G = G_0$). Les recettes fiscales, notées T, sont fonction du taux d'imposition, noté t, et du niveau du revenu Y soit $T = tY$.

On montre alors que le multiplicateur de la dépense publique est égal au multiplicateur d'investissement, lui même égal à $\left[\frac{1}{1-c}\right]$ avec c, la propension marginale à consommer.
En conséquence, une politique de relance est d'autant plus efficace que le multiplicateur est élevé, c'est-à-dire que la propension marginale à consommer tend vers 1. Ceci revient à dire que la relance est d'autant plus forte que la consommation est élevée et l'épargne est faible. Il en résulte qu'il est préférable de cibler la relance sur les catégories de population à faible niveau de revenu qui se caractérisent par des fortes propensions à consommer. Mais dans l'état actuel de la crise, marquée par des pertes d'emplois comme signalées dans les chapitres précédents, l'effet multiplicateur n'aura les effets escomptés que si les politiques de relance visent la relance de la demande par la création d'emplois. On comprend alors pourquoi de nombreux pays mettent l'accent sur cette création ou tout au moins le maintien des emplois.

En outre, le multiplicateur fiscal est égal à $[-c/1-c]$. Le signe négatif de ce multiplicateur signifie que la baisse des impôts engendre une augmentation du revenu d'équilibre. En raisonnant en valeurs absolues, il apparaît que le multiplicateur fiscal est plus faible que le multiplicateur de la dépense publique. Il est donc moins efficace de relancer l'économie en baissant les impôts plutôt qu'en augmentant la dépense publique.

Une baisse des impôts se traduit en effet par une augmentation du revenu disponible des ménages qui n'est pas intégralement dépensé puisque l'agent accroît sa consommation dans une proportion égale à sa propension marginale à consommer qui est inférieur à 1. La partie non consommée du revenu supplémentaire (l'épargne) réduit l'effet de multiplication. On notera que les politiques actuelles tendent à mettre moins l'accent sur cette baisse des impôts.

Il faut souligner que Keynes raisonne sous l'hypothèse de sous emploi des facteurs de production. Par la suite, Haavelmo (1945) montrera à partir d'un théorème qui porte son nom, comment les effets multiplicateurs d'un budget en équilibre tendent à favoriser les politiques de relance par la dépense publique. Ce dernier part aussi de l'équation keynésienne de la forme :

$$Y = y_0 + c(Y - T) + I + G \qquad (1)$$

$$Y = \frac{1}{1-c}(y_0 + I + G - cT) \qquad (2)$$

Toutes choses étant supposées égales par ailleurs (y_0, I et c ne varient pas avec la variation de budget), la nouvelle valeur de la production est alors :

$$Y + \Delta Y = \frac{1}{1-c}(y_0 + I + (G + \Delta G) - c(T + \Delta G)) \quad (3)$$

Soit, par différence (3) - (2) :

$$\Delta Y = \frac{1}{1-c}((\Delta G) - c(\Delta G)) = \frac{1}{1-c}((1-c)\Delta G) = \Delta G \quad (4)$$

Ainsi donc l'Etat peut relancer l'activité économique en augmentant parallèlement les dépenses publiques et les impôts de telle sorte que le budget de l'Etat reste équilibré[15]. Il est démontré que le multiplicateur du budget équilibré est égal à 1. Cette valeur du multiplicateur signifie que la politique de relance est efficace puisque la production augmente dans les mêmes proportions que la dépense publique sans qu'il y ait aggravation du déficit budgétaire. L'augmentation de la production entraîne mécaniquement une hausse des recettes fiscales. Dés lors,

---

[15] Sous l'hypothèse que l'État décide d'augmenter son budget, tout en maintenant son solde budgétaire inchangé : G et T augmentent simultanément d'une même quantité $\Delta G = \Delta T$ (l'État augmente autant les impôts et ses dépenses).

l'augmentation nécessaire du taux d'imposition justifiée par le maintien de l'équilibre budgétaire est plus faible que l'augmentation de la dépense publique.

(ii) En économie ouverte

Keynes considère que les exportations (notées X) sont autonomes par rapport au revenu ($X = X_0$), tandis que les importations (notées M) sont une fonction croissante du revenu avec $M = mY$ où m est la propension marginale à importer. Il part ainsi de l'équation

$$Y + M = C + I + G + X$$

Y = production
M = importation
C = consommation des ménages
I = investissement
G = dépenses publiques
X = exportation

Il trouve alors un multiplicateur $k = 1/m + s$ où s est la propension à épargner. L'efficacité de la relance budgétaire dépend dorénavant des propensions marginales à consommer et à importer. La propension marginale à importer est une mesure de la contrainte extérieure et plus m tend vers 1, plus la valeur du multiplicateur est faible : la relance budgétaire est donc moins efficace car une partie du supplément de demande s'adresse aux économies partenaires (par le canal des importations) au détriment des entreprises nationales.

Autrement dit, la politique de relance économique menée par les pays développés dépendra très fortement de leur politique commerciale, notamment la politique d'importation. Comme mentionné dans les chapitres précédents, les importations des USA en provenance des pays asiatiques sont restées quasi-constantes.

En outre, on montre que le multiplicateur de la dépense publique est égal au multiplicateur d'investissement en économie ouverte, lui-même égal au multiplicateur des exportations.

Notons qu'une relance budgétaire va dégrader le solde extérieur : l'augmentation du revenu, consécutive à une augmentation des dépenses

publiques ou à une réduction des impôts, provoque une augmentation des importations qui, confrontée à des exportations inchangées, va créer un déficit extérieur si les échanges courants étaient initialement à l'équilibre ou aggraver un déficit existant préalablement. En somme, pour $k > 1$, l'augmentation des dépenses de l'Etat entraîne une augmentation des importations grâce au multiplicateur plus que proportionnel de la production.
On peut résumer cette théorie keynésienne de relance comme suit :

Figure 4 : Financement du déficit budgétaire

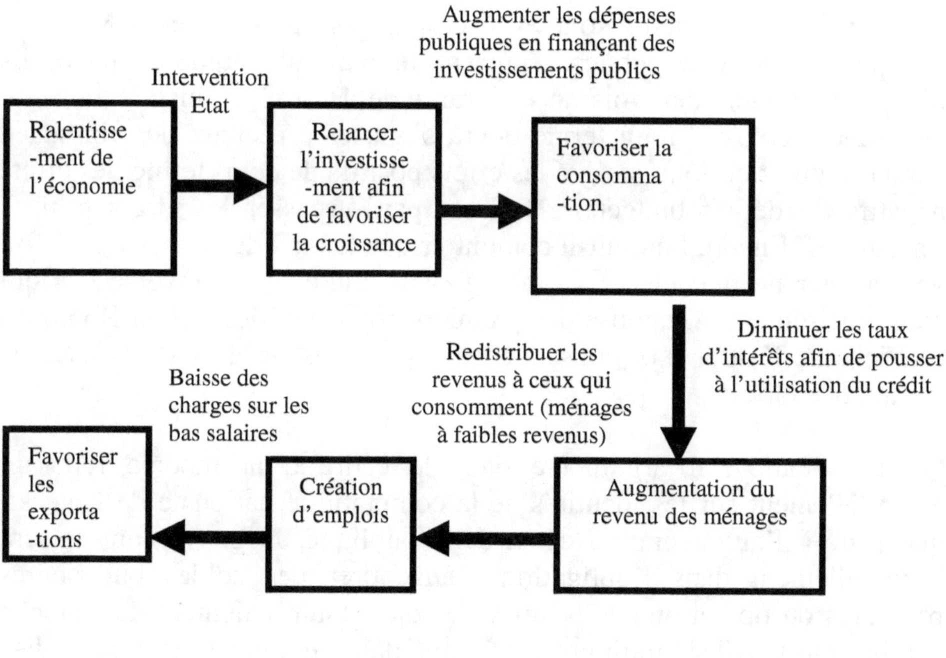

A partir de ces raisonnements, l'Etat a plusieurs moyens pour financer le déficit. Selon Haavelmo, l'Etat peut recourir à la fiscalité. Dans ce cas, il peut instaurer un impôt ponctuel ou accroître la fiscalité dans son ensemble. Les emprunts obligataires constituent la deuxième source de financement du déficit. Cette politique consiste, soit à faire appel à une épargne existante dans l'économie (financement non inflationniste), soit à augmenter les titres publics. Dans ce dernier cas, pour attirer l'épargne, l'Etat augmente les taux d'intérêts par rapport à des titres privés comparables en termes de risque etc. Ceci entraîne une baisse de la valeur des obligations, et donc de l'investissement privé (effet d'éviction). Enfin, l'Etat peut recourir à la création monétaire par l'émission de bonds du trésor financés par la création monétaire du système bancaire.

1.2. Dette publique et demande effective

Selon certains auteurs hétérodoxes, y compris certains postkeynésiens comme Palley (1998) ou des auteurs classico-marxistes comme Moudud (2002), les déficits publics auraient des effets favorables sur la demande effective dans le court terme, comme l'affirment traditionnellement les keynésiens, par contre leurs effets seraient négatifs dans le long terme. Deux types d'arguments sont avancés par ces auteurs. Selon Moudud, puisque les déficits publics réduisent le taux d'épargne national, ils réduisent le taux de croissance garanti de Harrod ; ainsi le taux de croissance réalisé à long terme devra s'ajuster à ce taux de croissance garanti réduit ; et donc malgré les effets positifs de court terme, les effets négatifs du déficit budgétaire finiront par surpasser les effets positifs transitoires. Encore faudrait-il démontrer que le taux de croissance réalisé va s'ajuster au taux de croissance garanti, plutôt que l'inverse ; ce qui était précisément la réponse des premiers postkeynésiens, Joan Robinson et Nicholas Kaldor aux conséquences en termes de taux de croissance garanti de Harrod.

Quant à Palley, il argumente dans le cadre d'un modèle reposant essentiellement sur les identités de la comptabilité nationale de Kalecki, que suite à l'augmentation de la dette publique, le gouvernement sera éventuellement dans l'obligation d'engendrer des soldes budgétaires primaires ou opérationnels positifs (le solde avant paiement des intérêts sur la dette). Ainsi, toujours selon lui, dans le long terme, les effets positifs sur les profits des entreprises des flux de déficits budgétaires seront complètement annihilés par les effets négatifs dus au stock de dette existant. La façon la plus simple de modéliser cet effet est de postuler que le gouvernement décrète que le niveau de dette publique va rester à tout jamais constant, autrement dit que le gouvernement s'impose une contrainte budgétaire forte, en s'imposant dorénavant un déficit zéro. Dans ce cadre, le solde primaire doit exactement compenser les paiements en intérêts sur la dette, et il est alors exact de prétendre que les déficits passés auront un effet négatif sur les profits des entreprises d'aujourd'hui, avec tous les effets négatifs que ces profits réduits pourraient engendrer pour l'investissement et éventuellement la croissance.

Mais ces résultats peuvent être complètement inversés si l'on suppose que le gouvernement accepte de laisser croître le déficit au même taux que l'économie (autrement dit, le gouvernement accepte de conserver un ratio déficit/PIB constant). Dans ce cadre, développé par Lavoie (2003), les déficits accumulés dans le passé, autrement dit, la dette publique, auront des effets favorables sur les profits des entreprises, même à long terme, pourvu que le taux de croissance de l'économie soit supérieur au produit du taux d'intérêt net d'impôt et du taux d'épargne des rentiers. Dans ce sens, même pour une vaste plage de taux de croissance inférieur au taux d'intérêt brut, les effets à long terme des déficits budgétaires resteront positifs.

Un modèle kaleckien plus sophistiqué et complet, celui de You et Dutt (1996), confirme ces résultats. You et Dutt construisent une extension du modèle de croissance kaleckien canonique de Bhaduri et Marglin (1990), en y introduisant un taux de taxation différencié sur les salaires et sur les profits et intérêts. Les dépenses gouvernementales d'opération (excluant le service de la dette) sont fixées comme une certaine proportion du stock de capital ou de l'output. Leur modèle a plusieurs caractéristiques intéressantes.

Tout d'abord, dans un monde où le taux de croissance du capital dépend du taux d'utilisation de la capacité, le rapport dette publique/capital (le ratio dette publique/PIB), s'il peut s'accroître, ne peut exploser indéfiniment. Autrement dit, ou bien le ratio dette/PIB diminue inexorablement, ou alors il converge vers une valeur positive. Si le modèle kaleckien est une représentation adéquate du monde réel, il n'y a donc pas lieu de s'inquiéter que le ratio dette/PIB explose par suite de politiques budgétaires qui seraient démesurément expansionnistes.

De fait, l'augmentation de la part des dépenses publiques opérationnelles par rapport au PIB n'entraîne pas nécessairement une augmentation du ratio dette/PIB de long terme. Il est possible, en particulier lorsque ce ratio est déjà élevé, que l'augmentation des dépenses publiques mène à une baisse du ratio dette/PIB de long terme, en raison notamment des effets accélérateurs qui pourraient générer une réduction du ratio déficit/PIB. Quoi qu'il en soit, même si l'augmentation de la proportion de dépenses publiques devait mener à une hausse du ratio dette/PIB de long terme, ce qui selon You et Dutt (1996) est le cas le plus probable, cette hausse serait limitée, comme on l'a déjà dit. Quant aux effets sur le taux d'accumulation de l'économie, ils seraient normalement positifs, mais on ne peut exclure le cas où, en raison de la réduction paradoxale des paiements sur la dette, les effets sur le taux d'accumulation d'une augmentation des dépenses publiques pourraient être négatifs à long terme.

Ces différentes politiques ont des effets pervers qui seront critiqués par certains auteurs.

1.3. La critique néo-classique des effets de demande

Dans une optique néoclassique, la politique budgétaire est totalement inefficace car elle génère un effet d'éviction total : l'augmentation de la dépense publique est compensée par une réduction équivalente des dépenses privées. La critique néo-classique du multiplicateur repose sur trois arguments distincts :

1. *L'éviction financière est totale* : la hausse du déficit public provoque une hausse du taux d'intérêt qui déprime la demande privée (effet d'éviction). Dans le modèle « offre agrégée, demande agrégée », la courbe de demande ne se déplace pas (ou elle se déplace peu) en cas de choc budgétaire : la demande totale n'est pas modifiée par une hausse de la demande publique, mais sa composition est modifiée au détriment de la demande privée. Friedman (1969) développe la thèse d'un effet d'éviction indirect : le financement des dépenses budgétaires par le recours à l'emprunt suscite une hausse des taux d'intérêt sur les marchés financiers, ce qui évince l'investissement privé d'un montant équivalent à la relance.

2. *L'ajustement des prix relatifs est suffisamment rapide pour que l'équilibre du marché des biens soit déterminé par l'offre*, plus rigide que la demande. Dans le modèle « offre agrégée, demande agrégée », la courbe de demande se déplace vers la droite mais la courbe d'offre est très pentue: les producteurs n'acceptent d'augmenter un peu leur offre que si les prix augmentent beaucoup.

La demande privée est ici encore pénalisée *ex post* en raison de la hausse des prix (graphique 5).

Graphique 5 : Analyse des effets des politiques de relance

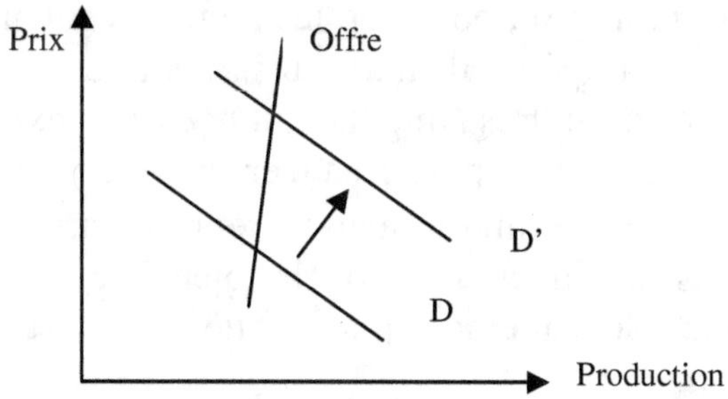

3. Même si l'offre de biens est flexible, *des ménages rationnels répondront à un accroissement de la demande publique en restreignant leur consommation*, parce qu'ils anticipent que le déficit d'aujourd'hui donnera lieu à des impôts futurs (phénomène dit d'équivalence ricardienne). A l'inverse, la charge de la stabilisation conjoncturelle n'a pas à être assumée par l'État mais peut fort bien reposer sur les ménages eux-mêmes qui, face à un choc économique, accroîtront ou diminueront leur taux d'épargne pour en lisser les effets dans le temps.

Le deuxième argument renvoie à une question empirique : quelle est la pente de la courbe d'offre ?

Les travaux empiriques suggèrent qu'à court terme elle a une pente positive, mais inférieure à l'unité, ce qui laisse place à une efficacité de la politique budgétaire.
Le premier argument et le dernier ne peuvent être invoqués simultanément car ils sont contradictoires : le premier suppose que le déficit public crée une pénurie d'épargne qui pousse les taux d'intérêt à la hausse, tandis que le troisième stipule une hausse endogène de l'épargne privée lorsque l'épargne publique fléchit. Ce dernier argument remonte à Ricardo. Il a été remis au goût du jour par Barro (1974). Il s'énonce simplement en disant que si le taux d'actualisation des ménages est le même que le taux d'intérêt sur la dette publique, la contrainte budgétaire inter temporelle de l'Etat implique que lorsqu'une baisse des impôts est financée par le déficit, la valeur actualisée des impôts futurs qu'anticipent

les ménages augmente d'un montant exactement égal à la baisse des impôts courants. En conséquence, leur richesse ne change pas. Cependant, l'argument ricardien repose sur des hypothèses fortes :

- anticipations rationnelles ;
- fonctionnement parfait du marché du crédit (absence de contraintes de liquidité) ; pour que les ménages soient indifférents à la baisse des impôts, il faut qu'ils puissent emprunter en contrepartie de moindres impôts futurs (par exemple, qu'un étudiant puisse emprunter pour financer ses études) ;
- horizon de prévision infini du ménage représentatif, ce qui revient à dire que les ménages mettent le bien-être des générations suivantes sur le même plan que le leur (solidarité intergénérationnelle).

La plupart des tests empiriques conduisent à rejeter l'hypothèse d'équivalence ricardienne complète. En outre, un modèle où le déficit est neutre ne peut, par définition, aider à comprendre que la même contraction budgétaire soit tantôt récessive, tantôt expansionniste, à moins d'attribuer aux agents privés une vision plus ou moins lucide du futur selon l'ampleur des déficits. Enfin, l'hypothèse que les ménages « lissent » d'eux mêmes les fluctuations de leur revenu se heurte à l'existence de contraintes de liquidité. Ainsi, alors qu'une première diversification « transversale » des risques individuels est assurée par le système de sécurité sociale (assurance-maladie et assurance chômage, qui reposent sur la loi des grands nombres), la politique de stabilisation conjoncturelle joue un rôle de diversification du risque dans la dimension temporelle.

En plus de ces arguments, il est à noter les limites intrinsèques du modèle keynésien. Il s'agit de l'effet boule de neige. En effet, plus le déficit augmente, plus la dette augmente, plus la charge de la dette augmente entraînant un accroissement du déficit etc.

En résumé, le budget de l'Etat a de tout temps constitué un instrument d'influence économique. Il a permis, dans les pays développés, un réglage fin de l'économie pendant les trente glorieuses. Il a fait l'objet de vives contestations théoriques dans les années 60 en opposant les monétaristes et les keynésiens (politique budgétaire *vs* politique monétaire).

1.4. Les autres politiques de relance économique

1.4.1. La politique libérale

L'Economie de l'offre a connu un fort développement à partir des années soixante-dix ; ce développement s'explique en partie par l'essoufflement des politiques keynésiennes de relance par la demande.
La loi des débouchés de SAY est l'un des piliers théoriques de cette Ecole : la demande globale est la conséquence de l'offre, or cette offre – qui découle de l'activité productive des entreprises – est inhibée par un excès de réglementations et de pressions financières. Trois facteurs ont fait l'objet d'une attention particulière : l'excès de pression fiscale, l'excès de transferts et les coûts liés à la réglementation. En effet, d'après Laffer (1979), tout alourdissement du taux d'imposition au-delà d'un certain seuil provoque paradoxalement une baisse du montant total des recettes fiscales : « *trop d'impôt tue l'impôt* ». Ainsi, les recettes fiscales sont d'abord une fonction croissante du taux d'imposition jusqu'à un seuil maximal (correspondant au sommet de la courbe de Laffer) ; au-delà de ce seuil, les recettes fiscales sont une fonction décroissante du taux d'imposition. Par conséquent, les classiques préfèrent raisonner sur l'offre : d'où la théorie des débouchés de Jean Baptiste Say.

Graphique 6 : principe et mécanisme de la politique libérale

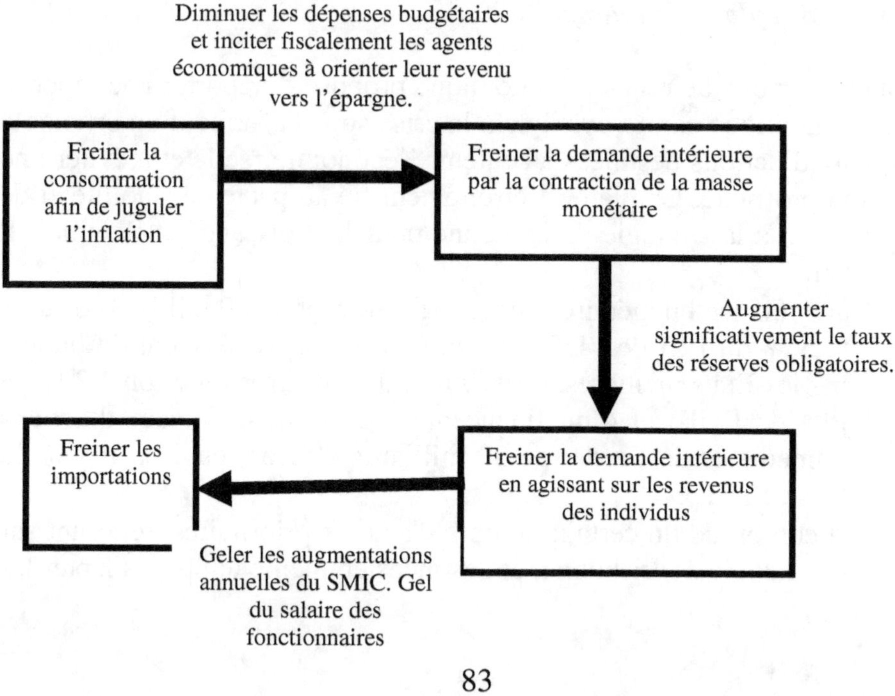

1.4.2. La thèse du revenu permanent de Friedman

Cette théorie remet en cause l'efficacité des politiques budgétaires à partir d'une analyse des comportements de consommation. Selon Friedman, les agents déterminent leur niveau de consommation non sur la base du revenu courant (R_t), mais de leur revenu permanent (R_t^P). Le revenu permanent correspond au revenu courant auquel s'ajoutent les revenus futurs anticipés sur la base des tendances passées, soit $R_t^P = \alpha R_t + (1-\alpha) R_{t-1}^P$

Dans la mesure où la relance budgétaire affecte uniquement le revenu courant, elle n'affectera pas sensiblement les comportements de consommation, ce qui annule les effets de multiplication de la dépense initiale. Sur cette base, la relance économique ne peut se faire sur la base des politiques budgétaires pour Friedman.

Si on dynamise la fonction de consommation de Friedman, $C_0(R_{P,i})$, on a effectivement la relation suivante : $C_t = k\ R_t^P$ qui montre que la consommation dépend d'une proportion du revenu permanent.

1.5. Implications théoriques des mesures actuelles de relance économique

1. Rappel des plans de relance

Le plan européen de relance économique propose d'apporter une réponse macroéconomique contra cyclique à la crise sous la forme d'un ensemble ambitieux d'actions destinées à soutenir l'économie réelle et à éviter une récession profonde. Ce plan est étroitement lié au pacte de stabilité et de croissance et à la stratégie de Lisbonne pour la croissance et l'emploi. Il consiste en :

- une relance budgétaire immédiate s'élevant à 200 milliards d'euros (1,5 % du PIB de l'UE), constitué d'un accroissement du budget par les États membres, de 170 milliards d'euros (environ 1,2 % du PIB de l'UE) et d'un financement de l'UE en faveur d'actions immédiates de l'ordre de 30 milliards d'euros (environ 0,3 % du PIB de l'UE);
- et comprend un certain nombre d'actions prioritaires, reposant sur la stratégie de Lisbonne, et destinées en même temps à adapter les

économies européennes aux défis à long terme, tout en poursuivant la mise en œuvre de réformes structurelles visant à renforcer le potentiel de croissance.

A cet effet, les principales mesures arrêtées par les Ministres des Finances et Banquiers Centraux du G20 pour le sommet de Londres de mars 2009 ont été les suivantes avec une priorité qui consiste à la mise en place des plans de relance, puisque :

- des actions décisives, coordonnées et globales pour stimuler la demande et l'emploi ont été engagées ;
- la principale priorité est aujourd'hui de rétablir le bon fonctionnement du crédit en affrontant, là où cela s'avère nécessaire, les problèmes du secteur financier ;
- les mesures exceptionnelles de politique économique annoncées à ce jour "doivent être mises en œuvre sans délai". Les pays du G20 s'engagent "à fournir un effort de l'ampleur nécessaire pour rétablir la croissance" ;
- "les Banques Centrales des pays du G20 maintiendront des politiques expansionnistes aussi longtemps que nécessaire, en utilisant toute la palette des instruments de politique monétaire, y compris des mesures non conventionnelles, d'une manière compatible avec la stabilité des prix".

Le sommet a été l'occasion d'annoncer une hausse importante des ressources du FMI. Les Ministres des Finances du G20 ont en effet reconnu le besoin urgent d'augmenter les ressources du FMI de manière très significative. Les ressources du FMI, de l'ordre de 200 à 250 milliards, devraient passer à 750 milliards de dollars avec une part réservée aux DTS de 250 milliards. Par ailleurs, l'engagement d'aider les pays émergents et en développement à faire face au reflux des flux de capitaux internationaux est également une décision forte.

Tableau 4 : principales mesures prises contre la crise

	Investissements publics	Aides directes aux entreprises	Action sur le taux directeur	Régulation des institutions	Aides à la population
G20	X			X	
USA	X	X	X		
France	X	X			X
Pays Bas	X				X
Portugal	X				X
Espagne	X				
Italie	X	X			X
Chypre	X				
Grèce	X				
Allemagne	X	X			X
Slovénie	X	X			X
Autriche	X	X			X

1.5.2. Implications théoriques de ces plans

Au lendemain de la crise financière, les différents gouvernements ont eu recours à toute une batterie de mesures économiques comme nous l'avons vu. Les différents courants de relance économique ont été dans leur ensemble explorés.

La plus grande implication théorique est sans conteste le retour du keynésianisme avec l'Etat comme dernier régulateur de l'économie en lieu et place du marché. Cette politique se traduit par des nationalisations de banques et d'entreprises privées. Dans le même temps, on observe un accroissement des déficits publics à travers les aides de l'Etat, les prises de participation dans le secteur privé etc. Les différentes mesures sont variées mais peuvent se résumer en quatre points :

- la relance de l'économie par la demande. En effet, des mesures comme l'indemnisation du chômage technique, les aides aux salariés prônées par certains pays comme la France et les Pays Bas, visent à accroître ou au moins à compenser le revenu des consommateurs afin d'augmenter leur demande. Ce qui entraînera une hausse de production des entreprises, qui pourront à leur tour embaucher et par effet de boule de neige accroître le revenu des consommateurs et le processus reprend. L'économie retrouvera de ce fait son sentier d'expansion ;

- la deuxième catégorie de mesures prises par les différents pays vise la relance de l'économie par l'offre, comme pour paraphraser Jean Baptiste Say « *l'offre crée sa propre demande* ». Les aides aux entreprises[16] tel que le renflouement de la trésorerie des entreprises par des crédits d'impôt recherche, le retard de paiement de certains impôts, l'exonération totale des charges patronales pour certaines entreprises sont autant de mesures prises par les pays développés pour alléger les charges des entreprises ou leur donner un souffle en injectant directement de la liquidité dans leurs caisses. Théoriquement, ces mesures ont pour effet de relancer la croissance par l'offre. Ceci passe par le maintien ou l'amélioration de la compétitivité des entreprises *via* la maîtrise des coûts de productions ;

- la troisième catégorie de mesure et pas des moindres, est l'investissement public dans les grands travaux. Cette politique a des implications théoriques tant sur le consommateur que sur le producteur. Au niveau du consommateur, cette politique est assimilable à celle du New deal de Roosevelt préconisée lors de la crise de 1929. Elle a pour but de fournir un revenu aux consommateurs en leur offrant du travail afin qu'ils puissent accroître ou tout au moins maintenir leur consommation d'avant crise. Ceci permet alors de relancer la croissance par le jeu de la demande. Quant au niveau de l'offre, la mesure a pour objet de réduire les coûts des producteurs, et ceci dans les secteurs à haut rendement comme l'automobile. Aussi, des investissements dans les infrastructures ferroviaires ont pour conséquences, la fluidité des transports des marchandises, réduisant les coûts de transaction des entreprises. Ce qui aura pour corollaire un gain de compétitivité et une stimulation de la production industrielle.

- Enfin, les mesures sur les taux directeurs ont, comme nous allons le voir dans le chapitre suivant, des effets de lutte contre l'inflation mais aussi de réduire le loyer de l'argent, ce qui va faciliter la demande de crédit par les entreprises pour de nouveaux investissements avec des coûts de production plus faibles et une amélioration de la compétitivité.

---

16 Renflouement de la trésorerie des entreprises par des crédits d'impôt recherche.

Financement économique et inflation

L'effondrement des marchés boursiers consécutif à la crise née des prêts hypothécaires américains à risque a porté un coup sensible et continue de secouer les institutions financières et bancaires au point que les Etats, jusque là condamnés à jouer les seconds rôles au nom du tout puissant marché sont appelés à la rescousse. Les gouvernements, les organisations multilatérales consacrent ainsi toute leur énergie, toute leur ingéniosité à combattre ces mouvements, renvoyant à plus tard l'analyse d'autres crises.

Nul besoin, en effet de rappeler qu'avant le déclenchement de la crise financière actuelle, l'économie mondiale connaissait déjà des crises alimentaire et énergétique très sévères dont les manifestations dues à des causes structurelles risquent d'être démultipliées par le désordre financier.

Aussi, si les Gouvernements, notamment ceux des pays les plus développés ne se ravisent pas sur l'attention apparemment exclusive portée aux questions financières et au sauvetage des institutions bancaires, l'économie mondiale risque de se retrouver dans une situation non moins grave et difficile telle que l'inflation au regard des mesures d'urgence prises ça et là pour remédier à la crise financière. Durant[17] ne dit pas autre chose quand il affirme que la recherche de réponse appropriée aux difficultés économiques actuelles appelant à une rupture avec les politiques néolibérales menées au cours des trente dernières années, peut déboucher sur le pire si les exigences de rentabilité des multinationales et des portefeuilles financiers continuent de l'emporter.

En effet, les différentes mesures prises ou annoncées visant essentiellement à sauver les institutions financières à l'origine de la crise sont de nature à injecter dans les économies des quantités énormes de monnaie. Pourtant, du fait de la crise financière, il existe aujourd'hui une masse considérable de liquidités en quête de profit, ainsi que les instruments de la mondialisation pour la faire circuler. Il semble évident que l'injection de fortes monnaies dans une économie mondiale déjà liquide ne sera pas sans conséquence en termes de tensions inflationnistes.

---

[17] Denis Durant, Crise financière : l'analyse de l'économiste ??? références.

Pour tenter d'appréhender ce à quoi l'économie mondiale pourrait s'attendre sur le plan de l'évolution des prix, nous nous faisons le devoir d'interroger la théorie économique.

Mais d'abord pourquoi est-il important de s'intéresser aux probables mouvements inflationnistes à la suite de la crise et les mesures annoncées pour y remédier ? De quoi s'agit-il au juste exactement?

L'inflation est la « *hausse généralisée et durable du niveau général des prix. Cette hausse se traduit par une baisse de la valeur de la monnaie qui perd ainsi une partie de son pouvoir d'achat.*» Pour Feldstein (1982), l'inflation accroît le coût en capital et réduit ainsi les investissements et partant, la croissance.
La relation entre l'inflation et la croissance serait donc négative[18]. Elle détruit la symétrie, base de la stabilité économique entre la détention de la monnaie et la quantité de biens et services : la même quantité de monnaie détenue à deux périodes distinctes ne permet pas l'acquisition de la même quantité de biens et services en cas d'augmentation des prix. Les fonctions d'unité de compte et de réserve de valeur de la monnaie se trouvent ainsi remises en cause ; d'où la nécessité de rechercher la stabilité des prix.

C'est donc une préoccupation essentielle parce que le phénomène est sensible non seulement sur le plan politique du fait que son niveau constitue un signe de bon ou mauvais fonctionnement économique, avec toutes les conséquences électorales, mais aussi sur le plan social en ce sens qu'il grève le pouvoir d'achat des consommateurs, et est donc, souvent à l'origine de remous sociaux très violents constatés du reste ça et là dans le monde entier, principalement en Afrique subsaharienne après l'envolée du prix du baril de pétrole et des produits alimentaires en 2008. La flambée des prix des matières agricoles de base a affecté l'ensemble de la population mondiale. Si elle ne pose essentiellement dans les pays développés qu'une question de pouvoir d'achat, ses conséquences sont plus graves dans les pays en voie de développement.

[18] Notons néanmoins que pour d'autres économistes tel que Tobin-Mendell, une hausse des prix réduit le taux d'intérêt réel ; ce qui provoque une fuite devant la monnaie au profit des investissements en capital physique. Par conséquent, une hausse des prix devrait entraîner une progression des investissements et relancer la croissance économique.

Avant les années 60, essentiellement les modèles de « Demand-Pull » et de « Cost-Pusch » servaient à expliquer les mouvements inflationnistes. Le premier modèle stipulait que l'augmentation des prix est causée par une augmentation de la demande globale dans l'économie alors que pour le second modèle, l'augmentation des prix était le résultat d'une augmentation des coûts unitaires de main d'œuvre, de marges de profit etc.

A partir des années 60, d'autres théories plus populaires et connues aujourd'hui telles que la courbe de Phillips, la théorie monétariste ainsi que l'approche structuraliste de l'inflation ont été développées. Ces théories, en réalité, peuvent être considérées comme des extensions des deux modèles précités.

Au regard des énormes pertes d'emplois occasionnées par la crise enregistrée dans différents secteurs immobilier et bancaire notamment ; de la nature des mesures d'urgence prises – injection monétaire et relance de la consommation – et des causes structurelles de la crise financière, le modèle de « Demand-Pull », les approches structuraliste et monétariste, et la courbe de Phillips sont retenus dans ce document. Nous faisons l'économie de présenter le modèle « Cost-Pusch » qui semble expliquer, tout compte fait, "*l'augmentation de prix par l'accroissement des coûts*".

2.1. La demande globale comme cause essentielle de l'inflation : le modèle de « Demand-Pull »

Le modèle de "demand pull" met l'accent sur les facteurs de demande comme déterminants de l'inflation (Arthur, 1942). Selon ce modèle, l'excès de la demande par rapport à l'offre de biens et services conduit à une pression inflationniste. De ce fait, quand la demande d'un produit ou d'un service essentiel excède l'offre, les producteurs augmentent leur prix car ils ne peuvent ou ne veulent augmenter la production ; ou dès que la demande est supérieure à l'offre, l'équilibre sur les marchés se fera par une hausse des prix. L'offre étant inélastique, elle ne peut répondre à un surcroît de demande, l'équilibre ne pouvant se faire par les quantités, il se fait par les prix qui augmentent.

Donc, l'inflation tirée par la demande apparaît notamment lorsque la demande globale est supérieure à l'offre globale et que l'économie est proche du plein emploi.

L'accroissement de la demande peut s'expliquer de différentes manières. La politique économique est un élément fondamental, que ce soit par le biais des finances publiques (baisse des impôts, hausse des dépenses) qui agit sur la consommation des ménages, ou par celui des taux d'intérêts qui influence directement l'offre de crédit dans l'économie.

De là on s'aperçoit effectivement, que toutes les autres approches de l'inflation s'appuient sur le modèle « Demand-Pull » en ce sens que quelle que soit la théorie, l'inflation survient dès que - quelle que soit l'explication - la demande excède l'offre. Dès ce moment, on voit l'intérêt fort qu'il y a dans les politiques actuelles des pays développés à se pencher sur les conséquences sur l'inflation, l'effet boomerang de ces politiques.

2.2. L'approche monétariste de l'inflation

Selon cette approche, la persistance de l'inflation est le résultat d'une expansion monétaire trop élevée. L'offre de monnaie nominale est sous le contrôle de la Banque centrale, du moins en taux de change flexible, et le public peut obtenir le niveau désiré d'encaisses réelles. Si la quantité d'encaisses nominales est supérieure à celle désirée par les individus, alors ces derniers tenteront de dépenser ces encaisses excédentaires. Cette augmentation de dépenses nominales conduira à une augmentation des prix et/ou de la production. Les encaisses détenues seront alors égales à celles désirées. De plus, étant donné l'absence d'illusion monétaire, c'est-à-dire de flexibilité parfaite des prix, à long terme, une augmentation du taux de croissance monétaire amène une augmentation équi proportionnelle du taux d'inflation. L'expansion monétaire aura des effets réels seulement à court terme, mais à long terme, la monnaie est neutre. Cela est sous-tendu par l'hypothèse que l'économie est sous le régime de change flexible, car en régime de change fixe, l'offre de monnaie devient endogène et en ce moment, les autorités ne sont plus en mesure de contrôler la quantité de monnaie de base mais seulement sa composition.

Ainsi, l'approche monétariste de l'inflation est un prolongement de la théorie quantitative de la monnaie. La théorie quantitative de la monnaie s'appuie sur la « *loi des débouchés* » de Jean Baptiste Say qu'on peut interpréter de la manière suivante : « *la production crée à la fois un flux de biens et un flux de revenus. La valeur des biens est égale à la somme*

des salaires, intérêts, profits distribués à l'occasion de cette production et donc susceptible d'en assurer le rachat ». Dans cet univers où l'équilibre est toujours réalisé, la monnaie ne peut être que neutre sur le plan de la production et des revenus ; elle a tout au plus un rôle d'intermédiaire commode dans l'échange.
Cette approche est mieux élaborée et formalisée par Fisher (1911) à travers son équation des échanges :

$M * V = P * Q$ avec :

M = masse monétaire disponible dans une économie à un moment donné.
V = vitesse de circulation de la monnaie (c'est-à-dire le nombre de fois où un billet « change de main » dans une économie sur une période donnée).
Q = quantités des biens et services disponibles dans une économie (productions nationales + importations).
P = niveau général des prix auxquels les biens et services sont vendus.

La théorie suppose d'une part, que la vitesse de circulation de la monnaie dans une économie est stable sur une longue période ; et d'autre part, que Q est une variable relativement fixe dans le sens où les variations de production ne peuvent se réaliser qu'à partir d'un certain laps de temps (nécessité de procéder à des investissements de capacité…).

La conséquence économique en est que : si V et Q sont stables à court terme, alors toute variation des prix des biens et services s'explique par une variation de la masse monétaire disponible dans une économie ; en d'autres termes, toute variation de la masse monétaire en circulation se répercute sur les prix.
L'inflation est donc de ce point de vue un phénomène d'origine monétaire, d'où le postulat célèbre de Friedman (1976) selon lequel « *l'inflation est toujours et partout un phénomène purement monétaire* »[19].

.

Suivant cette approche que l'inflation est seulement un phénomène monétaire et la monnaie est neutre, Friedman, s'appuyant sur les anticipations rationnelles, avance que la politique monétaire automatique

[19] Cette formulation qui intègre le temps et l'espace n'est pas exacte quand on considère certains types d'inflation qui se manifestent dans les pays en développement, singulièrement africains c'est-à-dire l'inflation importée.

est la moins mauvaise de toutes les politiques ; et que la politique monétaire doit avoir comme seul objectif la lutte contre l'inflation.

C'est pourquoi, les banques centrales ont pour objectif principal dans les économies libérales de lutter contre l'inflation. Et l'un de leurs instruments préférés est la fixation d'un taux d'intérêt de base, appelé taux directeur. Les variations du taux directeur sont répercutées par les institutions financières sur les taux d'intérêt commerciaux (proposés aux entreprises, aux ménages, etc.). Schématiquement, lorsque la Banque Centrale augmente le taux directeur, cela renchérit le coût des emprunts pour les entreprises, ménages etc. Lorsque cela coûte plus cher de s'endetter, les agents économiques (entreprises, ménages, etc.) ont tendance à freiner ou à différer leurs achats (qu'il s'agisse de biens d'investissement ou de biens de consommation durable), d'où un ralentissement de la progression de la demande globale. Le ralentissement de la demande a généralement pour effet un ralentissement de la hausse des prix (c'est-à-dire une baisse de l'inflation). Inversement, la baisse du taux directeur favorise l'endettement, stimule la demande et peut conduire à la hausse de l'inflation (cependant, la baisse du taux directeur est généralement pratiquée en période de ralentissement économique pour relancer l'investissement et soutenir la consommation de biens durables, afin d'éviter une récession). C'est pourquoi actuellement, toutes les banques centrales revoient à la baisse leurs taux directeurs.

Pour revenir à la crise, il convient de noter que c'est le rehaussement des taux directeurs de la Fed qui a été l'élément déclencheur, même s'il faut reconnaître que le système des « subprimes » ne pouvait se pérenniser longtemps encore sans exploser. En effet, la démultiplication des défauts de paiement à l'origine du déclenchement de la crise a été provoquée suite à la répercussion par les banques du rehaussement des taux directeurs de la Fed sur leurs clients.

De ce point de vue, on s'aperçoit que les implications théoriques en termes de conduite de la politique monétaire de l'approche monétariste de l'inflation ont été plus ou moins vérifiées dans les faits. L'augmentation des taux directeurs de la Fed a bien entraîné le renchérissement du coût des emprunts des ménages créant du coup des défaillances de paiements au niveau des ménages. Concomitamment, la demande en immobilier baissait.

2.3. L'approche structuraliste de l'inflation

La présence de rigidité structurelle du côté de l'offre, à la base de la formulation de la théorie structuraliste, a alimenté le débat entre structuralistes et monétaristes sur l'interprétation des causes du processus inflationniste et de la manière de le combattre (Berthomieu *et al*, 2000). Du reste, pour Kalecki (1955), menant l'analyse en terme de "Demande effective", les prix ne se forment pas sur les marchés selon les préceptes walrassiens de la concurrence, ils se forment suite aux rapports de force qu'exercent les entrepreneurs du fait de leur pouvoir de monopole.

Pour les structuralistes, et à l'opposé des monétaristes, les raisons fondamentales de l'inflation sont par nature structurelles : les sources sous-jacentes de l'inflation dans les pays moins développés se trouvent dans les problèmes fondamentaux de développement économique et dans les caractéristiques structurelles du système de production de ces pays. » (Sunkel, 1960).

Selon Vasquez (1956), l'inflation est le résultat de l'interaction de deux composantes :

- les pressions inflationnistes fondamentales dues aux rigidités structurelles[20],
- les "mécanismes de propagation" qui transmettent l'accroissement initial des prix au reste de l'économie, d'où une augmentation du niveau général des prix.

La théorie de l'inflation structurelle est basée sur trois éléments fondamentaux :

- les prix relatifs changent quand la structure économique se modifie ;

---

[20] Quelques situations de sources structurelles de l'inflation à titre d'exemple :
Les entreprises, par leur extension, par la concentration n'hésiteraient pas à maintenir des prix élevés sans rapport obligé avec leurs coûts de production.
La recherche systématique de taux de profit élevé dans l'intérêt du propriétaire de capital peut entraîner les prix à la hausse. Les PME, par leur manque de dynamisme ne réalisant pas de gains de productivité suffisants peuvent augmenter les prix pour compenser ce manque de productivité.
La montée des salaires des cadres, de technostructures pourrait structurellement entraîner à la hausse les coûts de productions, notamment dans les grands groupes, et partant, les prix. Et enfin, la puissance des groupes de pression engagés dans des combats pour la défense d'intérêts spécifiques influence les prix.

- la flexibilité à la baisse de certains prix ;
- une offre de monnaie passive comblant l'écart inflationniste créé par les accroissements de prix.

Les facteurs financiers et monétaires peuvent être importants pour les structuralistes, seulement en tant que force de propagation de l'inflation mais ils ne sont pas à l'origine de l'inflation.

De ce fait, l'élimination des facteurs de propagation conduira au mieux à une certaine stabilité des prix au détriment de la croissance économique. L'inflation étant la conséquence de déséquilibres structurels, on ne peut la combattre que dans le cadre de la stratégie de long terme d'éradication des goulots d'étranglement.
A la suite des structuralistes, les néo structuralistes tels que Taylor et Van Wijnbergen (1983), vont centrer leur analyse sur les mécanismes de propagation de l'inflation afin de rendre compte des taux d'inflation élevés et persistants observés dans les pays latino-américains dans les années 80.

Contrairement aux théoriciens monétaristes qui considèrent l'offre de monnaie comme une variable exogène - l'expansion monétaire est la cause de l'inflation -, les économistes néo-structuralistes la présentent comme une variable endogène, c'est-à-dire que l'expansion monétaire est la conséquence de l'inflation. Pour eux, la monnaie joue un rôle passif dans la perpétuation et l'accélération de l'inflation : la masse monétaire ne s'accroît que pour maintenir la liquidité du système économique, évitant ainsi que l'économie ne plonge dans la récession. Ils ne nient pas cependant que l'inflation puisse se produire à long terme sans une augmentation des moyens de paiements.

En définitive, le débat entre monétaristes et structuralistes n'a pas porté sur la capacité de la politique monétaire à lutter contre l'inflation - les deux courants de pensée reconnaissent la capacité des autorités monétaires à atteindre la stabilité des prix - mais la question de la compatibilité de la politique de stabilisation avec la croissance économique reste posée. C'est le sens de ce qui est appelé "arbitrage entre inflation et chômage".

2.4. La courbe de Phillips : l'arbitrage inflation-chômage

Selon la loi des débouchés de Jean Baptiste Say, l'offre crée sa propre demande, étant donné que les biens s'échangent contre des biens ; tout revenu ayant sa contrepartie du côté de la production. Et la neutralité de la monnaie se traduit par le fait que tout accroissement monétaire n'exerce ses effets que par l'ajustement des prix à travers une hausse équi-proportionnelle.
Keynes rétorquera que l'offre ne crée pas toujours sa propre demande, surtout quand on est en présence du phénomène de la thésaurisation.

Soient : $R =$ le revenu

$C =$ la consommation

$E_p =$ l'achat de titres

$M_r =$ la thésaurisation

$Y =$ la valeur de la production

$$Y = R = C + E_p + M_r \qquad (1)$$

$D =$ La dépense $= C + E_p$

Suivant l'équation (1), nous remarquons que la dépense permise par la distribution du revenu est inférieure à ce revenu et à la valeur des biens produits, du montant Mr. Si maintenant, les banques créent à l'intention des entreprises un flux additionnel de monnaie $\Delta M \geq Mr$, la demande permise de ce fait par l'ensemble de l'économie, permettra d'équilibrer les effets de cette thésaurisation. On en déduit que le volume de la monnaie en circulation n'est pas indifférent.

En outre, Keynes considère que l'ajustement par les prix est impossible. Pour lui, la rigidité à la baisse du salaire nominal empêche les prix relatifs du bien travail de s'abaisser. En effet, si P décroît, cela signifie que le prix de tous les biens doit décroître en proportion. Soit w le taux de salaire nominal, w/P le taux de salaire réel. Une diminution de P doit entraîner une diminution équi-proportionnelle de w, pour que w/P prix relatif du travail en termes des autres biens conserve son niveau d'équilibre. Si w ne peut décroître du fait de la résistance des salariés, le prix des autres biens ne peut baisser compte tenu du fait que le taux de salaire constitue l'élément de coût le plus important.

Enfin, pour Keynes, la rigidité des prix explique pourquoi l'activité économique ne saurait s'accroître sans accroissement de la masse monétaire. Si nous écrivons $MV = PY$, nous constatons que la croissance de Y, toutes les fois que P ne peut varier à la baisse, est impossible sauf croissance de la masse monétaire M. C'est pourquoi Keynes préconisera les politiques monétaires expansionnistes pour relancer l'activité économique.

Pour Keynes, l'inflation est due donc à une consommation excessive ou à un investissement excessif. Mais qu'est-ce qui explique l'excès de la consommation ou de l'investissement ? De plus, l'hypothèse de rigidité des prix à la baisse de Keynes à cause de la résistance des salariés semble dépassée de nos jours parce que les innovations technologiques, l'utilisation des économies d'échelle peuvent permettre la baisse des prix sans que la baisse des salaires ne soit obligatoire.
Cette conception keynésienne trouvera un prolongement avec ce qu'on a appelé l'arbitrage « Chômage-inflation ».

Selon cette conception, on peut financer la croissance économique par l'inflation. Ainsi, l'Etat par une politique monétaire expansionniste, peut dans certains cas alimenter le phénomène inflationniste. Ce qui constitue une reconnaissance implicite du fait que l'expansion monétaire crée de l'inflation et valide de ce point de vue, l'approche monétariste de l'inflation.

Cette relation d'arbitrage « Inflation-Chômage » a été mise en évidence par Phillips (1958) qui, étudiant la relation inflation-chômage sur une longue période aux Etats-Unis, montre qu'une politique de relance de la part de l'Etat se traduit par une accélération de la hausse des prix. La relation s'illustre par la courbe suivante appelée « courbe de Phillips ».

Graphique 7 : Courbe de Phillips

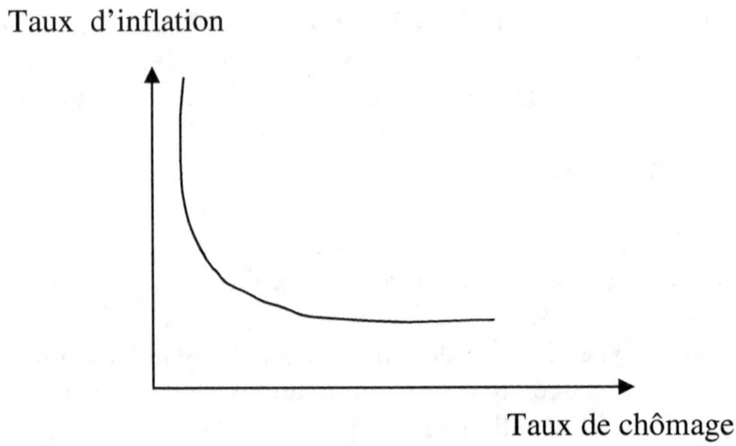

Suivant cette courbe, si le chômage augmente, l'inflation diminue et vice-versa. Le mécanisme qui se cache derrière cette relation est l'ajustement lent des salaires nominaux : si les salaires nominaux sont constants et que l'inflation est positive, les salaires réels diminuent, la demande de travail des entreprises s'accroît, l'emploi augmente et le chômage diminue. Ainsi, cette relation a été la bienvenue pour compléter le modèle keynésien à prix fixe.

Cependant, cette théorie a été remise en cause théoriquement à travers les anticipations rationnelles (les néoclassiques) et par les faits, à travers la coexistence des taux d'inflation et de chômage élevés dans les années 1970. Toutes choses qui feront dire à Friedman (1976) que la relation ne peut être stable, et qu'à long terme, la courbe devient verticale, rendant impossible tout arbitrage entre chômage et inflation.

Selon les enseignements théoriques ci-dessus développés, les tendances inflationnistes seront dans un premier temps à court et moyen termes à la baisse, c'est-à-dire une sorte de désinflation, la situation d'avant crise rendant peu probable toute sorte de déflation. Pour cause et suivant la courbe de Phillips, la crise a donné lieu à des pertes énormes d'emplois – dans les secteurs financier et immobilier notamment - faisant peser le risque d'un chômage massif du type 1929. Depuis le premier trimestre 2009, la réalité se confirme. Il n'y a pas un seul secteur de l'économie dans les pays développés qui ne soit touché par la crise. Cette situation est devenue tellement grave qu'en Espagne, un des pays les plus touchés par la crise, des chômeurs proposent la vente de certains de leurs organes allant de 1 000 à 125 000 euros. Le chômage augmentant, les revenus des ménages baissant, la demande globale baisse et l'inflation recule. Cette baisse continue de l'activité économique va donc donner lieu à des tendances désinflationnistes. Cette tendance baissière de l'inflation a créé un optimisme quelque peu exagéré quant à la dissipation des risques véritables du phénomène. Même le prix Nobel d'économie Joseph Stiglitz, s'est laissé emporter par ces constats désinflationnistes de court terme, il affirme en effet qu' "*il est clair que la menace inflationniste d'il y a un an a disparu. Il est trop tôt pour dire que nous sommes passés à une situation de déflation. Mais cela pourrait arriver*". Et nombre d'économistes de souligner que l'économie mondiale n'est pas encore confrontée à proprement parler à une situation de déflation. Elle se trouve dans une phase de désinflation accélérée, c'est-à-dire de ralentissement rapide du taux d'inflation. Dans la zone euro, celui-ci est passé de 4 % en juillet à 3,2 % en octobre 2008, mais il reste positif, ce qui veut dire que, mesuré sur un an, le niveau général des prix continue à augmenter[21].

C'est vrai qu'effectivement à court terme, même les risques de panique monétaire[22] sont écartés. Il semble en effet peu probable que le premier souci d'un agent économique qui vient de perdre son emploi ou qui a peur de perdre son emploi soit de dépenser toutes ses économies pour se prémunir contre toute hausse future des prix. Il est donc évident que la prudence sera de mise et forcement les ménages réduiront leurs dépenses réduisant la demande globale et partant, une baisse de l'inflation se constatera et effectivement se constate aujourd'hui. Mais qu'en sera-t-il à long terme ?

Dans un second temps et à long terme, les mesures d'urgence prises vont produire leurs effets. La relance de l'activité économique par la consommation, combinée à la forte quantité de monnaie injectée dans l'économie pour permettre aux banques de financer l'activité va conduire

[21] Par Le Journal *Le Monde*. : « Crise financière :et maintenant la déflation » Mercredi 19 nov 2008.

[22] La monnaie utilisée est aujourd'hui essentiellement du papier ou du métal sans autre usage, et donc sans autre valeur que celle attachée à la confiance des utilisateurs. Si, pour une raison quelconque, ils se persuadent que la monnaie va perdre de sa valeur, on assistera parallèlement à une chute sur le marché des changes et à une forte inflation, qui validera l'anticipation inflationniste et la renforcera.

irrémédiablement à des fortes tensions inflationnistes. De plus, avec la crise des subprimes, les matières premières sont devenues des valeurs refuges et donc spéculatives. En effet, les aliments de base et les matières premières comme le pétrole servent de valeurs refuges aux établissements bancaires et autres fonds d'investissement qui ont perdu, après avoir spéculé sur les fameux subprimes, des sommes très élevées sur les marchés financiers. Et les grandes Banques Centrales qui volent à leur secours en injectant dans le circuit financier plusieurs centaines de milliards de liquidités, c'est-à-dire de crédits bon marché, leur ont permis de se tourner vers ces nouveaux investissements à moindre frais.

Théoriquement, les tendances inflationnistes seront à court terme à la baisse du fait de la conjonction de la réduction de l'activité économique avec son corollaire de chômage et du recul de la consommation par peur d'une grande récession. Par contre à long terme, les effets des politiques de lutte contre la crise financière et de relance économique à travers la consommation vont produire leurs effets.

Par conséquent, ceux qui assurent qu'une simple amélioration des mécanismes des marchés financiers suffira à résoudre tous ces problèmes, doivent se raviser pour ne pas repousser les problèmes à plus tard.

Le défi est donc double : juguler la crise financière tout en minimisant les conséquences des mesures prises à long terme. Pour ce faire, il est nécessaire dans un premier temps de réguler les mouvements des liquidités en quête de profits rapides. Dans un second temps, de répondre à la question « comment y parvenir sans une refonte globale du système qui a conduit à la crise ? » En effet, les enseignements théoriques soulignent le consensus sur le fait que la politique monétaire expansive bien que de nature à favoriser et à propager l'inflation est nécessaire pour soutenir la croissance économique afin de lever les goulots d'étrangement du côté de l'offre. De ce point de vue, soutenir la croissance tout en évitant l'inflation ne saurait se faire sans intervention de l'Etat dans le domaine du contrôle des prix.

Crise financière : une approche par les théories de l'intérêt et de la demande de monnaie

Dans ce chapitre, il s'agit de relire l'actualité et d'essayer de mieux comprendre certains évènements ou aspects de la crise financière grâce à un retour sur certaines théories de l'intérêt et de la monnaie. Cela suppose d'abord que l'on comprenne bien le mot intérêt qui revient dans presque tous les discours d'aujourd'hui.

3.1. L'intérêt : une explication fondamentale du comportement des agents sur le marché des capitaux

3.1.1. Le concept d'intérêt

De manière synthétique, l'intérêt est perçu comme une somme qui vient en rémunération d'un prêt, que l'on exprime le plus souvent sous la forme d'un taux, traduisant le rapport entre le montant de la somme due pour une année et le montant du capital prêté.

En économie, l'intérêt s'analyse comme la rémunération du service qu'un prêteur rend à un emprunteur en mettant à sa disposition un capital, ou bien comme le revenu de l'épargne, c'est-à-dire une somme offerte aux individus pour les encourager à économiser une partie de leur revenu et à mettre l'épargne ainsi obtenue à la disposition des agents ayant un besoin de financement. C'est ce rôle d'intermédiation financière que jouent essentiellement les banques, aujourd'hui mises en difficultés par la recherche effrénée du profit basée sur la multiplication des prises de risque dans beaucoup de cas.

Pour Keynes, l'avantage qui découle des prêts représente la « prime de liquidité » ; il détermine le taux d'intérêt. Le taux d'intérêt est donc ce que l'emprunteur doit payer pour que celui qui dispose de monnaie renonce à de la liquidité en échange d'une créance. Le taux d'intérêt est le prix de la renonciation à la liquidité, c'est le loyer de l'argent.

3.1.2. Types d'intérêt en économie : taux d'intérêt réel et taux d'intérêt nominal

Au niveau macroéconomique, on admet généralement que le taux d'intérêt constaté sur un marché, ou taux d'intérêt nominal dépend du taux d'intérêt réel, véritable reflet des caractéristiques et de l'inflation anticipée qui mesure la perte probable de pouvoir d'achat.

a) Le taux d'intérêt réel et ses déterminants

La présentation de l'offre et de la demande de monnaie a soulevé les oppositions entre théories d'inspiration classique qui insistent sur l'interprétation réelle de la détermination du taux d'intérêt, et théories d'inspiration keynésienne pour lesquelles le taux d'intérêt a une nature monétaire.

Dans l'analyse classique, le taux d'intérêt est déterminé par la confrontation de la demande d'emprunt et de l'offre d'épargne des agents non financiers. Pour les ménages épargnants, le taux d'intérêt représente le prix de la renonciation à la consommation présente et détermine l'affectation du revenu entre consommation et épargne. Le besoin d'emprunt est déterminé par le besoin d'investissement. Les entreprises comparent la productivité marginale de leur investissement au coût de leur emprunt. Wicksell (1898) est le précurseur de cette analyse. Les entreprises comparent selon cet auteur, le taux d'intérêt naturel qui est le taux de rendement marginal du capital, et le taux d'intérêt monétaire. Ce dernier résulte de la confrontation de l'offre de fonds (des ménages et des banques) et de la demande de fonds par les entreprises. Le taux d'intérêt monétaire détermine le coût de l'emprunt pour les entreprises. La condition d'équilibre d'un tel système est l'égalité entre les deux taux (monétaire et réel).

Dans l'analyse keynésienne, le taux d'intérêt ne détermine pas la répartition du revenu entre consommation et épargne, celle-ci étant fonction de la propension marginale à consommer. Il détermine en revanche la répartition de l'épargne entre encaisses monétaires et titres. *Le taux d'intérêt est ici le prix de la renonciation à la liquidité.* Il est déterminé sur le marché monétaire par la confrontation de la demande de monnaie (motif de transaction, précaution, spéculation) et l'offre de monnaie (contrôlée par les autorités monétaires).

La théorie des fonds prêtables tente d'effectuer une synthèse de ces deux théories en apparence opposées. Comme cela se fait pratiquement sur le marché des finances actuel, en termes de calculs financiers, le taux d'intérêt est déterminé par la confrontation de l'offre et la demande de fonds prêtables. Cette offre de fonds est composée à la fois d'actifs monétaires (crédits monétaires, notamment entre banques) et non monétaires (actifs financiers). De même, la demande de fonds prêtables intègre les liquidités désirées par les agents ainsi que la demande d'investissement. Par ailleurs, il existe en réalité une multitude de taux d'intérêt car, pour l'épargnant, outre le prix de la renonciation (à la consommation ou à la liquidité), le taux d'intérêt va rémunérer le risque pris par le prêteur. Parmi ces risques, l'agent subit le risque de contrepartie (ou risque de non remboursement, fonction de l'identité de l'emprunteur), un risque de taux (variation non anticipée des taux d'intérêt dans le futur) ainsi qu'un risque de perte de pouvoir d'achat si l'inflation est non nulle.

Le taux d'intérêt va ainsi intégrer des primes (ce qui rappelle la notion de subprime), de risque (fonction de la qualité de l'emprunteur, de l'échéance, du degré d'aversion au risque des agents ou de la volatilité observée des taux) ainsi que les anticipations d'inflation des agents.

b) Les déterminants du taux d'intérêt nominal

D'après la théorie keynésienne, une augmentation de l'offre de monnaie par les autorités monétaires doit, par le jeu de l'offre et de la demande, provoquer une baisse du taux d'intérêt. Pour les classiques, la création monétaire entraîne une hausse des prix.

Des taux d'intérêt bas devraient donc être associés à des périodes d'inflation élevée. C'est dans cette logique que pour lutter contre l'inflation des années précédentes, la FED avait augmenté son taux directeur.

Cependant, Gibson (1923) avait montré que les périodes d'inflation élevée pourraient correspondre, au contraire, à des taux d'intérêt nominaux également élevés. Ce qui met clairement en exergue, les limites de l'accroissement des taux d'intérêt comme instrument de lutte contre l'inflation. Eventualité ignorée par les autorités monétaires américaines, apparemment prises de panique dès l'apparition des premiers signes de la crise en 2007.

Ce qu'il faut savoir au delà du « *paradoxe de Gibson* », c'est que les agents cohérents raisonnent à pouvoir d'achat constant (Fisher, 1933). Le taux d'intérêt nominal, observé sur le marché, diffère du taux d'intérêt réel d'équilibre, car il intègre le taux d'inflation anticipé par les agents.

Le taux d'intérêt réel est de ce fait égal au taux d'intérêt nominal, diminué du taux d'inflation anticipé. On parle de *taux réel ex-ante* qui représente la rémunération réelle attendue par les agents sur leur placement, compte tenu de leur anticipation d'inflation. Le taux réel ex-post, calculé une fois l'anticipation effectivement constatée, peut différer du taux anticipé si les anticipations se révèlent erronées. Les agents prendraient ainsi leurs décisions de prêt et d'emprunt sur la base de leurs anticipations. Ce qui peut expliquer en partie pourquoi les mesures conservatoires prises par la Banque américaine n'ont pas permis de contenir l'accroissement continu du niveau général des prix.

Sur cette question de prévision, il faut souligner qu'on distingue plusieurs processus de formation des anticipations.

- *Les anticipations régressives* tiennent compte uniquement de la chronique des valeurs passées d'une variable.
- Les *anticipations extrapolatives* ne tiennent compte que de l'inflation passée.
- Les *anticipations adaptatives* rappellent que les agents tiennent compte des valeurs passées du taux d'inflation, mais également de leurs erreurs de prévision passées.

Les anticipations rationnelles rappellent que les agents économiques intègrent parfaitement toute l'information disponible.

3.1.3. Intérêt et décisions des agents économiques

a) détermination du taux d'intérêt en macroéconomie

Rappelons que le taux d'intérêt est fonction de la demande de monnaie des agents non financiers et de l'offre de monnaie du système bancaire. Il est déterminé par l'équilibre monétaire qui est l'intersection entre la courbe de demande monétaire et celle d'offre monétaire :

- La demande de monnaie est d'autant plus forte que le taux d'intérêt est faible, et inversement. On peut de ce fait comprendre la politique actuelle des banques centrales européennes et américaines tendant à rendre leur taux directeur nul. Ce qui nous met dans une situation d'incitation à la demande de monnaie afin d'accroître la consommation et l'investissement. Cette demande pour un motif de spéculation est une fonction inverse du taux d'intérêt.

- L'offre de monnaie est déterminée par la Banque Centrale indépendamment du niveau d'intérêt. Cette hypothèse a suscité de nombreuses critiques, toutefois elle est proche de celle des Classiques.

b) Influence et rôle du taux d'intérêt

Il est dit souvent qu'on ne mobilise l'homme qu'autour de ses intérêts. Cet adage vaut sur le marché des finances actuel sur lequel les décisions des agents économiques sont fondées sur l'intérêt qu'ils espèrent tirer des différentes décisions prises (épargne, investissements, placements…).

- **Incidence du taux d'intérêt sur les décisions d'épargne**

Sur cette question, Keynes s'oppose aux néoclassiques puisque les seconds estiment que la demande de monnaie est totalement inélastique au taux d'intérêt, le taux d'intérêt ne déterminant que l'arbitrage entre l'épargne et la consommation. Selon le système keynésien, le taux d'intérêt n'agit pas sur l'épargne car l'épargne est toujours le résidu du revenu après achat des biens de consommation. Il agit sur le partage de l'épargne entre placement financier et thésaurisation.

A la lumière de ce débat et pour mieux comprendre les principes actuels qui gouvernent les transactions sur le marché financier, on peut alors se poser la question suivante :

- **Comment les agents décident-ils de faire des placements (investissement réel ou immobilisation sous forme de titres) au lieu de thésauriser ?**

Conformément à la fonction de demande de monnaie, les agents transforment leur liquidité en placement financier si le taux d'intérêt est bas. Cela introduit une dimension psychologique et subjective dans la mesure où, pour chacun, le taux d'intérêt est bas pour un niveau qui lui est propre. Chaque individu juge si le niveau du taux d'intérêt lui offre une sécurité suffisante. C'est cette psychologie et ce subjectivisme qui constituent la dynamique des marchés financiers : les uns font des placements pendant que les autres décident de conserver leur liquidité (thésauriser) en fonction de leurs intérêts construits à partir d'éléments de recherche du profit.

Le fait de placer ou de thésauriser dépend donc de l'état de l'opinion sur l'évolution future du taux d'intérêt. Les individus pour qui le taux qui offre une sécurité suffisante est supérieur à celui du taux du marché anticipent une hausse du taux d'intérêt et préfèrent garder leur patrimoine en monnaie. Au contraire, les individus pour qui le taux d'intérêt jugé suffisamment sécurisant est inférieur au taux de marché, anticiperont une baisse future et auront tendance à conserver leurs titres. De ce jeu, le taux d'intérêt, élément fondateur de l'équilibre, agit donc directement sur l'investissement et partant, sur la production.

- **L'équilibre monétaire agit sur l'investissement et donc sur la production**

En référence au développement ci-dessus, le montant de l'investissement disponible pour les entrepreneurs est déterminé par le choix entre l'épargne sous forme de liquidité et celle sous forme de placement. Les entrepreneurs disposent du montant placé, l'autre partie de l'épargne qui est thésaurisée leur est inutile.

Il faut noter que le montant de l'investissement fait par l'entrepreneur est décidé en fonction du prix de l'argent emprunté et de l'efficacité marginale du capital. L'efficacité marginale et le taux d'intérêt gouvernent donc la demande de fonds pour l'investissement, tandis que seul l'intérêt gouverne l'offre de ces fonds. On peut ainsi constater que la monnaie et le taux d'intérêt agissent sur l'investissement et donc sur la production, et qu'il n'y a plus dichotomie entre l'économie monétaire et l'économie réelle.

De là, il est clair que les déclarations rassurantes sur la circonscription de la crise à la seule sphère financière ne pouvaient relever que de l'utopie comme le démontre bien la situation actuelle avec la transformation de la crise financière en crise économique. A l'évidence, il faut savoir comme il ressort des explications théoriques précédentes, qu'il n'y a pas dichotomie entre l'économie monétaire et l'économie réelle. Il s'agit de deux chaînons complémentaires sans lesquels l'économie de marché n'existe pas.

- **Le rôle des anticipations**

Sur les marchés financiers actuels, ce concept joue un rôle capital. Il détermine les gros profits réalisés par les plus forts en la matière, pendant que les plus faibles font des pertes énormes.

Dans ce domaine, Keynes rompt avec la théorie néoclassique qui suppose un état stationnaire de l'économie. Il introduit la notion de fluctuation qui oblige à faire des prévisions. Par exemple, l'offre d'investissement est définie par la quantité de monnaie et son prix anticipé, c'est-à-dire par sa prime de liquidité.

De même, pour réaliser un investissement, le producteur doit anticiper le prix de vente (pour évaluer l'efficacité marginale du capital) de son produit quand il sera sur le marché et anticiper le prix de l'argent emprunté (le taux d'intérêt) pour savoir si son investissement est rentable.

De ces analyses, il apparaît clairement que l'intérêt est le maître mot qui gouverne le comportement des différents agents. Comment peut-on comprendre ces actions individuelles qui ont pu conduire à une crise généralisée ?

3.2. La demande de monnaie : point de départ de la crise de liquidité

Contrairement aux développements actuels qui mettent l'accent sur le marché immobilier et les subprimes, la crise financière que nous vivons est partie de la mise en œuvre d'une politique fondée sur la demande de monnaie, concept élaboré d'abord du point de vue macroéconomique avant d'être ramené sur un plan microéconomique par des auteurs comme Friedman.

En effet, l'analyse microéconomique de la demande repose fondamentalement sur des conceptions macroéconomiques dans lesquelles les analyses du rôle de la monnaie (avant Keynes (1930-1940)) étaient dominées par la *théorie quantitative de la monnaie* (TQM).

3.2.1. Théorie classique

Dans sa formulation initiale, la TQM n'est pas une théorie de la demande de monnaie, mais les interprétations qui en sont faites ont permis de l'assimiler à celle-ci.

Selon Fisher (1911)[23], cette théorie repose essentiellement sur l'idée selon laquelle la monnaie est un moyen d'échange pour lequel il établit un concept de vitesse de circulation comme nous l'avons déjà vu plus haut. Dans ses travaux, il montre par une identité, que pour une économie, le montant des ventes est égal au nombre de transactions réalisées au cours d'une période donnée, multiplié par le prix moyen de ces transactions. Cette formulation dite théorie quantitative pure (TQP) indique essentiellement que le niveau de prix absolu (P) est déterminé par l'offre nominale de monnaie (M_s).

$$MsV = PY$$

Dans cette formulation de Fisher de la TQP, la quantité de monnaie en circulation dans l'économie (M_s) est déterminée indépendamment des trois autres variables ; V la vitesse de circulation de la monnaie ou le nombre de fois que la monnaie change de main pendant une période de référence, P le niveau général des prix et Y le volume des transactions.

Partant de l'hypothèse d'une économie en équilibre de plein-emploi, Fisher (1911, 1933) déduit un rapport constant entre le volume des transactions et le niveau d'output. La vitesse de circulation (V) est considérée comme une variable indépendante et constante.

Sur ces considérations, l'équation des échanges s'écrit sous sa forme la plus connue : $MV = PT$; V et T étant constants, le niveau général des prix est déterminé uniquement par la quantité de monnaie (M). Ainsi, la demande de monnaie dépend du nombre de transactions réalisées dans l'économie, laquelle n'est égale qu'à une fraction (K) de ces transactions : $M = KPT$.

A partir de cette approche qui met déjà en évidence la dépendance du marché réel vis-à-vis de la quantité de monnaie demandée, il est possible

---

[23] Irving Fisher (1911), *The purchasing power of money.*

de comprendre en partie comment la crise des subprimes est passée de la sphère financière à la sphère réelle ici représentée par le marché de l'immobilier américain, du moins au départ.

Mais, pour aller plus loin, cette analyse de Fisher a été reprise par bien d'écoles comme celle de Cambridge qui permet de mieux comprendre les implications de certaines mesures actuelles conformément aux développements faits plus haut. .

Par rapport à Fisher, l'Ecole de Cambridge a introduit certaines modifications, surtout sur le plan de la spécification du modèle et des interprétations. L'équation des échanges est ainsi transformée et devient : $Md = KPY$ et $M / K = Ms.V = PY$.

L'un des résultats fondamentaux mis en évidence par cette Ecole est que l'offre de monnaie, considérée exogène, ne dépend pas des activités du secteur privé. Elle est fixée de façon discrétionnaire par les autorités monétaires.

De manière simple, contrairement donc aux considérations de Fischer, l'offre de monnaie n'est plus déterminée par le dynamisme d'un marché (V, P, T). Son volume est tout simplement dicté de plein droit notamment par les Banques centrales comme la FED, la BCE, la BCEAO… (Autorités monétaires). Ce qui est bien le cas des pratiques actuelles et celles qui ont eu cours jusqu'à l'avènement de la crise financière.

En fonction des besoins de l'économie, chaque Banque centrale décide si elle doit injecter ou retirer de l'argent en circulation et à cet effet, plusieurs voies existent.

Au-delà de cette approche plutôt proche de la réalité actuelle, une autre particularité de l'Ecole de Cambridge est qu'elle n'est pas concernée par la détermination de la masse monétaire sous un aspect macroéconomique comme le fit Fisher, mais plutôt en terme microéconomique, en mettant l'accent sur le comportement des agents économiques pris de manière individuelle. Plus l'agent économique effectue des transactions, plus il souhaiterait détenir de la monnaie.

Ainsi, si un américain veut acquérir une maison (marché de l'immobilier), une voiture, des meubles…, il devra détenir une quantité de monnaie suffisante, et plus ce désir d'achat (dépenses, transactions) grandit, plus il souhaiterait avoir davantage d'argent (augmentation de la demande de monnaie).

Pour les ménages riches, la réalisation de transactions ne pose aucun problème puisque l'argent est disponible, et il suffit de l'utiliser. Malheureusement pour les pauvres, ce n'est pas le cas. N'ayant pas de ressources, le recours aux crédits (Banques) s'impose. En fait, c'est par rapport notamment à ce type de contexte que Laidler (1974), soulignait une autre particularité qui opposait l'Ecole de Cambridge et Fisher.

Pour lui, la différence entre la théorie monétaire de Cambridge et la TQM de Fisher est que dans le premier cas, l'accent est mis sur la *volonté* des agents économiques de détenir de la monnaie alors que la seconde théorie insiste sur la *nécessité* des agents économiques de détenir la monnaie. Par ailleurs, le terme V dans l'expression ne représente plus la vitesse de circulation de la monnaie par rapport aux transactions, mais la vitesse-revenu de la monnaie. De plus, dans l'analyse de Fisher (1933), les transactions (ou le revenu nominal) sont un facteur explicatif de la demande de monnaie et le taux d'intérêt n'est pas pris en compte alors que dans la formulation cambridgienne, le taux d'intérêt devient de façon implicite un facteur déterminant de la demande de monnaie.

Avec "La Théorie générale" de Keynes, ces théories seront davantage développées, et les réflexions sur la demande de monnaie vont aller au-delà des transactions, et s'étendre aux secteurs financiers et aux agents économiques (approche microéconomique).

3.2.2. Conceptions keynésiennes de la demande de monnaie

a) Fondement théorique

Au-delà de l'idée que la monnaie est essentiellement un moyen de paiement (transaction) qui ne rapporte pas d'intérêt, Keynes (1936) développe la thèse selon laquelle la monnaie représente un actif faisant partie du patrimoine des agents économiques. Initialement, il définit trois motifs de demande de monnaie (qu'il a appelé : "motifs psychologiques et commerciaux") spécifiés auparavant par le philosophe grec Aristote : transaction, précaution et spéculation (ou la TPS keynésienne). Les motifs de transaction et de spéculation ayant le même déterminant à savoir, le revenu national, la théorie keynésienne se résume essentiellement à deux motifs : la transaction et la précaution dont la somme détermine la demande totale de monnaie.

La demande de monnaie aux fins de spéculation est liée à l'existence de prévisions imparfaites. On l'appelle souvent demande de monnaie liée à l'incertain certain. L'effectivité de la monnaie spéculative nécessite l'existence d'un marché boursier fonctionnant pleinement comme c'est le cas aujourd'hui dans le monde entier.

Dans un tel marché, plus le taux d'intérêt est bas, plus les agents anticipent une hausse future, et plus ils cherchent à détenir de la monnaie au lieu des obligations. Le mécanisme inverse se produisant lorsque le taux d'intérêt est élevé. Au niveau théorique, ces réflexions ont permis de mieux comprendre certains aspects fondamentaux de la demande de monnaie et de révolutionner ainsi la théorie macroéconomique qui connaîtra à nouveau un bond qualitatif avec les travaux de Baumol et Tobin (1952).

b) Prolongement de la théorie keynésienne

Considérant l'analyse keynésienne des motifs de transaction et de spéculation limitée au cadre macroéconomique, Baumol et Tobin (1952) innovent par une approche microéconomique de l'explication des deux concepts. Ils développent l'approche par le stock de la demande de monnaie pour les transactions.

Dans son article intitulé "La préférence pour la liquidité et le modèle de la diversification du portefeuille", Tobin (1958) présente le modèle des "Anticipations Régressives". Dans ce modèle, l'agent anticipe un taux d'intérêt (ia) qui correspond à une moyenne des taux d'intérêt de long terme. Lorsque le taux d'intérêt observé s'élève au-dessus de cette moyenne, l'agent prévoit une baisse future du taux d'intérêt et *vice versa.*

Ses anticipations sont donc progressives. Le taux d'intérêt anticipé (ia) et le taux d'intérêt observé de marché (im) déterminent le gain anticipé (g) de l'agent. En déterminant le taux d'intérêt critique (ic), c'est-à-dire le taux qui annule le rendement anticipé (r), l'agent peut alors faire un choix d'investissement[24].

A partir de la demande de monnaie ainsi définie, on peut obtenir une fonction de demande globale de monnaie dans le modèle de Tobin (1958). On définit un taux d'intérêt critique maximum (ic Max) et un taux d'intérêt critique minimum (ic Min). Au fur et à mesure que le taux d'intérêt de marché (im) baisse, l'agent transforme progressivement tout son patrimoine en monnaie. Et lorsque le taux d'intérêt de marché (im) atteint ic Min, tout le patrimoine est détenu sous forme de monnaie, et la demande globale de monnaie est égale au patrimoine.

La différence entre cette approche et celle par la "Diversification du portefeuille" est que la première développe la demande de monnaie sans la notion du risque, alors que la seconde l'intègre. Dans ce cas, au lieu d'un gain anticipé fixe, on suppose que l'agent dispose d'un ensemble de gains en capitaux anticipés ; chaque gain ayant sa probabilité de se produire.
Une autre particularité de cette approche est qu'elle suppose que le revenu est donné, et donc que la demande de monnaie est spéculative. Enfin, l'approche par le "stock" de Baumol et Tobin (1952), inspirée du modèle des anticipations régressives, consiste essentiellement à mettre en évidence la relation implicite entre le motif de transaction et le taux d'intérêt.

De ce modèle, un accroissement de flux de revenu réel ou de l'output, entraîne un accroissement de la demande de monnaie pour les transactions. La demande totale de monnaie en terme réel est alors : $m(Y,i) = M(Y,i)/p = L1(Y) + L2(i)$. Que représentent p ?, L[25]$1(Y)$ et $L2(i)$?[26].
Par rapport au taux d'intérêt (i) et au revenu réel (Y), les signes des dérivées partielles de $m(Y,i)$ établis entre la monnaie spéculative et la monnaie transactionnelle sont : $\Delta m/\Delta Y > 0$ et $\Delta m/\Delta i < 0$

24

- Lorsque im > ic, l'agent investit tout son patrimoine dans les obligations ;
- Lorsque im < ic, l'agent détient tout son patrimoine sous forme de monnaie.

25 Demande de monnaie de précaution.

26 Demande de monnaie spéculative.

L'aspect le plus important à retenir ici c'est que "l'approche par le stock" de la demande de monnaie permet de dire que le taux d'intérêt intervient à tous les niveaux des secteurs économiques, quelle que soit la nature des opérations impliquées. Poussant les réflexions plus loin, une autre contribution fondamentale dans l'analyse de la demande de monnaie est celle de Friedman (1968). Il a développé une version dite moderne de la TQM.

c) La demande de monnaie selon Friedman

Encore connue sous le nom d'approche microéconomique de la demande de monnaie dans les années 1960, la TQM a connu un regain d'intérêt avec les travaux de Friedman (1968). Dans ses analyses, l'auteur affirme que "la TQM est essentiellement une théorie de la demande de monnaie". Sa contribution fondamentale a consisté à développer la demande de monnaie dans le cadre des théories microéconomiques de comportement du consommateur et de la demande de facteurs de production.

Les consommateurs détiennent la monnaie parce qu'elle produit une utilité. Leur demande de monnaie est une demande d'encaisses réelles qui dépend du revenu réel. Quant aux producteurs, ils détiennent de la monnaie en tant qu'actif productif conciliant les paiements et les flux de dépenses. Selon Friedman, on peut donc dire que pour les entreprises, la monnaie est un input qui entre dans leur fonction de production.

Dans une approche microéconomique, les facteurs explicatifs de la demande de monnaie retenus par Friedman (1968) sont : le niveau général des prix (*p*), le taux d'intérêt (*i*), le patrimoine ou la richesse (*W*) et le rapport capital humain/capital physique (*h*). L'expression de la demande de monnaie (M_d) nominale est donc :

$$Md = f[\underset{+}{W}, \underset{+}{h}, 1/\underset{-}{p}.dp/dt, (1-i)/\underset{-}{i}.di/dt]$$

Les signes en dessous de chaque variable indiquent le sens de variation de la demande de monnaie suite à une variation unitaire de chacune de ces variables. Préoccupé par le fait que la relation fonctionnelle qui lie la quantité de monnaie demandée et les variables qui la déterminent doit être stable, l'attention de Friedman (1968) s'est portée surtout sur deux fonctions de la monnaie : la fonction de moyen de paiement (ou motif de transaction) et la fonction de réserve de valeur (ou monnaie comme un bien de consommation durable ou de production).

De manière simple, de ces développements, on retient que du point de vue microéconomique, la demande de monnaie est négativement liée aux taux d'intérêt. Et en réalité, c'est fort notamment de ces conclusions théoriques qu'au lendemain du 11 septembre 2001, le gouverneur de la FED a décidé de baisser le taux d'intérêt jusqu'à l'ordre de 1%, mais pourquoi ?

Ainsi que l'a révélé l'Ecole de Cambridge, pour réaliser ses transactions (consommations, investissements...) qui constituent le moteur du dynamisme d'une économie, l'agent a besoin de détenir de la monnaie qui est dans ce cas, un moyen de paiement. Or, l'équation (*Md*) montre que plus l'intérêt est élevé, plus faible sera la demande de monnaie et partant la demande globale.

En baissant donc les taux, le seul objectif visé par la Fed était donc de relancer la consommation pour soutenir l'activité économique alors en souffrance. Par cette mesure, les crédits sont devenus quasiment gratuits et les banques ne savaient plus quoi faire avec la surliquidité qu'elles venaient d'avoir entre les mains. Elles ont alors développé un marché hypothécaire à travers lequel des crédits étaient accordés à des ménages peu solvables.

Avec le début de la crise sur le marché immobilier, les petites banques qui ont accordé ces crédits avaient besoin de liquidité. Les titres issus des crédits hypothécaires ont été donc vendus par les grandes banques, qui ont procédé à leur titrisation sur les marchés. Du fait de l'aggravation de la crise du marché de l'immobilier, l'incapacité des ménages à rembourser leurs dettes a poussé les banques à saisir les maisons et les mettre en vente. Et ce qui s'est passé, c'est que tout le monde vendait et personne ne voulait acheter.

Tout d'un coup, l'offre sur le marché immobilier connaît une hausse importante, mais la demande non. Ce déséquilibre marque le début de ce qu'on a appelé la folie du crédit hypothécaire qui va se transformer en crise de liquidité bancaire pour devenir d'abord une crise financière et par suite une crise financière et économique mondiale avec de sérieuses implications pour le monde entier et singulièrement pour le continent africain.

IV :

LA CRISE ET SES IMPLICATIONS DANS LE CONTEXTE AFRICAIN

Dans l'économie mondiale, la crise est actuellement analysée sous divers angles. Selon les contextes, les analyses sont orientées sur des intérêts particuliers avec pour ferme objectif, la protection ou la sauvegarde du tissu économique. Dans cette perspective, que peut-on retenir pour les économies africaines ?

Caractéristiques des économies africaines et incidences de la crise

1.1. Les caractéristiques des économies africaines

Au plan financier, la plupart des banques africaines ne sont pas dans la haute finance internationale. Les titres ne sont pas cotés sur ces marchés, car ces banques sont de petites unités caractérisées par un volume de transactions relativement faible[27]. Ce sont essentiellement des banques de dépôts à court terme en provenance principalement des particuliers et surtout des salariés. C'est ce qui les met temporairement à l'abri de la présente crise financière internationale. Toutefois, il ne faut pas oublier comme nous l'avons expliqué théoriquement plus haut, le lien entre l'économie monétaire et l'économie réelle. De ce fait, la transformation ou la convergence de cette crise financière en crise économique était une évidence; et dans ce cas, l'Afrique ne pouvait échapper, et partant ses banques. La seule inconnue était le délai de transmission de la crise à l'Afrique et l'ampleur de sa propagation.

1.1.1. Situation économique d'ensemble

Il faut souligner d'entrée que la situation économique de l'Afrique au sud du Sahara n'est pas homogène. On distingue des pays à revenus intermédiaires ou émergents comme l'Afrique du Sud et le Nigéria, des pays à rentes pétrolières (Nigéria, Angola, RDC, Congo, Gabon, Cameroun), des pays à pluviométrie abondante et régulière (Afrique équatoriale), des pays sahéliens côtiers (Sénégal, Gambie, Guinée Bissau…), des pays sahéliens non côtiers (Burkina Faso, Mali, Niger), des pays sahéliens non côtiers à rentes minières (Tchad, Niger) etc. On peut faire autant de croisements que l'on veut, tellement les diversités sont grandes. C'est un continent ayant connu sept histoires coloniales distinctes. L'Afrique est très diversifiée dans la mesure où elle compte

[27] Ce sont tout même de filiales dans la plupart du temps.

700 millions d'habitants issus d'au moins un millier de groupe ethniques. Elle compte dans ses rangs quelques uns des pays les plus pauvres du monde. Au cours des vingt dernières années, le nombre de pauvres y a doublé pour atteindre 300 millions, soit plus de 40% de la population totale.

En fonction de ces diversités, les incidences de la crise économique internationale ne seront pas ressenties de la même façon dans les différents pays. Il y a ceux qui auront accumulé les rentes pétrolières suite à la hausse des prix de ce minéral et ceux qui n'ont que des produits agricoles à l'exportation dont la hausse des cours a été plus modérée et partant, les réserves de devises sont plus faibles.

De façon générale, au cours des trois dernières années, le taux de croissance du PIB de l'Afrique est resté autour de 5,8%. Ce taux a placé le continent comme ayant eu la croissance la plus élevée à l'exception de l'Asie de l'est et du sud, de l'Inde et de la Chine. Dans l'ensemble, le taux a été légèrement supérieur à ceux de l'Asie occidentale (5,6%) et de l'Amérique latine et Caraïbe (5,2%) selon le Rapport de la Commission Economique pour l'Afrique 2008. Quant aux taux de croissance des pays développés, ils ont été inférieurs à 3%. Toute l'économie du continent repose sur les exportations de produits primaires.

1.1.2. Caractéristiques des exportations

Dans les analyses passées, nous avons expliqué que de façon générale, une crise financière conduit le plus souvent à une crise économique. Cette hypothèse est devenue une évidence. Dès lors, il s'agit désormais de voir quelle pourrait être l'ampleur des conséquences sur les économies africaines. La plupart de ces économies exportent des matières premières : produits minéraux (pétrole, gaz), produits miniers (cuivre, aluminium, or) produits agricoles (café, cacao, coton) et importent du matériel industriel, technologique et des produits alimentaires (produits finis, produits agricoles : riz, blé etc.)

En 2007, tout comme au premier trimestre 2008, il y a eu une appréciation des cours des produits de base. La demande de pétrole a augmenté en 2007, cela étant en partie dû à la Chine. Mais, la hausse des prix n'est pas due seulement à l'accroissement de cette demande chinoise mais aussi à certains conflits et catastrophes naturelles (Irak, Nigéria, tempêtes sur le Texas) et enfin aux spéculateurs. Les analyses de la Commission Economique pour l'Afrique (CEA 2008) montrent que les prix des minéraux (pétrole, gaz), des minerais (aluminium, cuivre) et métaux précieux (or, diamant) ont augmenté de 178% entre 2000 et 2006. Les hausses les plus importantes ayant été constatées pour le cuivre (261%), mais aussi pour l'aluminium et l'or (Afrique du Sud, Burkina Faso, Mali). Notons que pour l'or, l'indice est passé sur base 100 en 2000, de 97,1 à 216,6 entre 2001 et 2006, soit un coefficient multiplicateur de 2,23. En d'autres termes, les prix de l'or ont plus que doublé durant cette période. Ceci a constitué des profits inattendus pour tous les producteurs d'or comme le Burkina Faso.

Pour les matières premières agricoles, la hausse des prix est restée beaucoup plus modérée que celle des produits du sous-sol. Le prix du coton qui concerne le Burkina Faso a été très faible, passant de l'indice (base 100 en 2000) 81 en 2001 à 111,5 en 2008 avec de fortes fluctuations, notamment en 2002 où il a été de 78,1. Compte tenu de cette situation, quelles sont les capacités de résistance des économies africaines face à la crise ?

1.2. Forces, faiblesses des économies africaines et conséquences de la crise

1.2.1. Forces

La plupart des économies africaines sont faiblement liées au système financier international en dehors d'un pays comme l'Afrique du Sud. Les mécanismes de financement mis en place sont souvent rigides, en particulier dans l'espace de la zone franc. Le continent a surtout comme atout majeur, la grande disponibilité de matières premières (pétrole, cuivre, uranium, or, etc.) et de ressources énergiques non polluantes (soleil, chutes d'eau).

1.2.2. Faiblesses

Ce sont des économies qui exportent essentiellement des matières premières ; de ce fait, elles sont très fortement exposées aux fluctuations des cours de celles-ci. La transformation permettant une plus grande valeur ajoutée est quasi inexistante. Il y a peu de diversification des

produits exportés. Par ailleurs, le commerce intra africain reste encore peu développé avec une trop grande dépendance vis-à-vis des biens alimentaires, des financements et de la technologie venant des pays développés et émergents. Enfin, ces économies sont fortement liées au plan du secteur primaire, et notamment agricole, aux aléas climatiques. Ainsi, les capacités de réponses des agriculteurs à une pénurie alimentaire sont réduites au regard de leur faible équipement et du bas niveau de productivité.
Un autre facteur très important est la faible disponibilité en qualité et en quantité des ressources humaines dans les secteurs de pointe pour impulser une dynamique économique. Cette situation pourrait s'aggraver avec la politique de l'*immigration choisie* chère au président français Sarkozy dont la thèse semble avoir convaincu aujourd'hui la plupart des pays européens. Ce dernier point implique que le continent dépend ainsi des transferts d'argent des immigrés. C'est par là que les banques africaines pourront connaître leurs premières difficultés de liquidité.

Tous ces facteurs montrent la trop grande vulnérabilité des pays africains et la nécessité d'avoir des réflexions plus approfondies. Quoi qu'il en soit, ce sont ces maux qui exposent le continent à un certain nombre de conséquences susceptibles d'accélérer les répercussions de ce qu'il convient présentement d'appeler la crise économique.

L'Afrique face à la crise : la réaction des principaux acteurs de l'économie

2.1. Le comportement d'ensemble de l'Afrique

En termes de comportement, l'Afrique ne s'est pas distinguée des autres pays en développement. Pendant que les pays développés discutaient et recherchaient les voies et moyens pour redresser ou protéger leurs économies, le continent africain, au départ, s'est illustré par son silence dans les mêmes conditions que l'ensemble des pays en voie de développement décrites au chapitre 2 de la seconde partie. C'est à juste titre que Kassé (2008) a pu dire que « *Face à la crise, l'Afrique est sans réaction : elle minimise les risques mais ne prend aucune initiative d'envergure pour le long terme* ». Plusieurs raisons peuvent expliquer cette attitude :

- la méconnaissance de l'ampleur de la crise née aux Etats-Unis ;

- en 1929, tous les pays africains étaient sous tutelle coloniale et de ce fait ne pouvaient prendre aucune décision économique. Dans ces conditions, les Banques Centrales n'ont aucune expérience en la matière.

2.2. Les réactions catégorielles

Dans ce sous-point, nous pouvons distinguer les réactions des décideurs politiques et celles des intellectuels. La faiblesse du secteur privé ne permettant pas de dégager une certaine appréciation objective de la crise.

2.2.1. Les décideurs politiques

De façon générale, il n'eut pas de véritables réactions des milieux politiques africains car chacun pensait probablement qu'il s'agissait d'une crise conjoncturelle comme cela s'est passé au cours des trente dernières années. De plus, ces questions semblaient trop techniques pour la plupart des dirigeants du continent, même s'ils sont entourés d'un certain nombre de techniciens. Il ne faut pas oublier que les anciennes puissances coloniales et les institutions de Bretton Woods pèsent encore de tout leur poids dans les politiques économiques de l'Afrique. D'où, la prudence à tous les niveaux. D'un autre côté, les techniciens ont peu de marge de manœuvre pour se faire écouter face au rouleau compresseur de ces institutions internationales.

2.2.2. Les milieux financiers

Les réactions sont venues des milieux financiers qui ont pensé que la crise financière ne pouvait toucher les banques africaines en ce sens que la plupart de ces dernières étaient des banques de dépôt et peu liées au système financier international. Ce propos d'un banquier marocain cité par Kassé (2008) est éloquent. Ce banquier au lendemain de l'éclatement de la crise en 2007, disait « *nous n'avons rien à craindre : grâce au sous-développement nous sommes immunisés* ! ». Et un autre économiste à l'OCDE de rétorquer « *Pas tant que ça, « les conséquences de cette crise, dit-il, peuvent varier selon le niveau de développement des pays* ».

C'est à juste titre que dans son article de août-septembre 2008, Kassé s'inquiète que face à la crise financière qui s'annonçait, les responsables de l'UEMOA semblaient donner des réponses peu rassurantes. Il se demande "*Pourquoi faire de la recherche des équilibres macroéconomiques la priorité dans une situation de récession ?*" En d'autres termes, pendant que la crise venait à grands pas et que les financiers des pays développés cherchaient déjà des solutions, les responsables de l'UEMOA et d'autres groupes sous-régionaux en étaient encore aux solutions des Programmes d'Ajustement structurel (PAS).

D'autres responsables des économies de nos pays, plus avertis, notamment le Ministre ougandais des finances, en ouvrant la réunion de la Banque de Développement du Marché commun de l'Afrique de l'Est et de l'Afrique australe (COMESA) a lancé un appel à ses homologues des pays membres à chercher de nouveaux débouchés pour les produits africains.

2.2.3. Les intellectuels

Très tôt, certains intellectuels ont réagi face à la crise. Ainsi, l'économiste sénégalais Kassé a tout de suite montré que même si l'insertion de l'Afrique dans l'économie mondiale est relativement faible, il n'en demeure pas moins vrai que quatre secteurs du continent sont exposés:

- les bourses qui peuvent être affectées par les crises de liquidité là où elles fonctionnent (Maghreb, Afrique du Sud, Kenya, Nigéria, Abidjan) ;
- l'aide publique au développement qui pourra diminuer ;
- les investissements directs étrangers qui peuvent connaître un ralentissement ;
- les matières premières et les exportations qui peuvent subir des évolutions drastiques.

Il a indiqué que l'effet de contagion de la crise financière pouvait atteindre très rapidement des pays comme l'Egypte, l'Afrique du Sud ou le Maroc dont les systèmes financiers sont plus intégrés au système international.

Tout comme Kassé, l'économiste burkinabè Thiombiano, a au cours de la même période (septembre 2008), dans deux articles successifs montré les causes théoriques et idéologiques de la crise avant d'examiner les conséquences de la crise financière sur les pays africains. Il a indiqué qu'au regard des caractéristiques des économies africaines basées sur les exportations de matières premières, soumises à l'aide internationale et aux investissements des pays du nord, la crise financière que connaît le monde aura les conséquences suivantes sur le continent : réduction des exportations, baisse des prix des matières premières, réduction de l'aide au développement, aggravation des déficits budgétaires. Plus loin, il a relevé que la lutte contre la pauvreté va en souffrir et que le taux de chômage va s'aggraver. En définitive, pour lui, les incidences de cette crise se feront sentir différemment selon les caractéristiques des pays du continent. Les pays comme l'Afrique du Sud, le Nigéria plus ouvert au marché international pourront voir le niveau d'investissement extérieur baisser. Cependant, des pays qui sont plus dépendants de l'agriculture, donc de la pluviométrie pourront voir leur taux de croissance maintenu si la pluviométrie est au rendez-vous.

Pour un continent déjà fragilisé par la crise alimentaire et les fluctuations incessantes des cours des produits de base, les conséquences de la crise économique et financière vont être dommageables pour la plupart des pays.

Conséquences de la crise et leçons pour l'Afrique

3.1. Conséquences sur les économies africaines

A la lumière des forces et faiblesses exposées plus loin, il apparaît très clairement que la crise financière allait prendre des proportions plus importantes, au point d'être une crise économique généralisée comme la tendance le montre. Dès ce moment, les conséquences sur les économies africaines seront multiples. C'est pourquoi, très tôt, des économistes africains tels que Kassé et Thiombiano ont montré leur désapprobation quant à la sérénité affichée par certains financiers africains qui considèrent principalement la partie financière de la question pour conclure que les impacts sur les économies africaines seront limités au regard de la situation des banques africaines.

Malgré une injection massive de monnaie de la part des pays développés dans leurs économies, la consommation des ménages ne sera pas relancée rapidement, ensuite les entreprises qui sont déjà dans de mauvais états ne vont pas prendre le risque d'effectuer de nouveaux investissements, ce

qui serait contraire à la contraction présente de la demande de consommation. Les injections massives actuelles de monnaie par ces Etats ont augmenté les déficits budgétaires. Enfin, il se développe de plus en plus un chômage important dans tous les secteurs.
En conclusion, les perspectives de relance de la production sont faibles à court terme. De là, il en résultera les conséquences ci après :

D'abord, les premiers secteurs qui connaissent des difficultés sont les transports (industrie aéronautique, constructeurs d'automobiles). Les incertitudes des lendemains conduisent également les ménages à réduire leur consommation. Le résultat final de toute cette situation est le licenciement massif et l'aggravation de la crise économique. La réduction de la production dans ces pays développés peut avoir comme conséquence un ralentissement de la demande des matières premières et une baisse de leurs prix. Il en résultera pour les pays africains:

- une réduction des exportations et un accroissement des déficits des balances commerciales. Il y aura deux effets sous jacents :
  - la baisse des prix des matières premières ;
  - l'aggravation des déficits budgétaires ;
- une réduction de l'aide au développement des pays industrialisés aura une double conséquence :
  - la réduction des financements des plans de développement dans le cadre de la lutte contre la pauvreté ;
  - l'aggravation du chômage
- dans les pays les plus ouverts au marché international comme l'Afrique du Sud et le Nigéria, on pourrait voir des désinvestissements s'opérer. Il peut en être ainsi parce que les pays développés vont offrir davantage de possibilités et de garanties à leurs investisseurs.

Les désinvestissements des pays développés pourront être compensés par les investissements des pays émergents (Chine, Inde, Brésil) comme il ressort du tableau 5

- la baisse des taux d'intérêt pourra rendre plus disponible le loyer de l'argent, mais encore faudra t-il qu'il soit disponible pour les pays les plus pauvres ;
- une réduction des tensions inflationnistes consécutive à la baisse du prix du baril de pétrole et à une bonne pluviométrie, tout au moins pour ce qui est de l'année 2008-2009 ;

- enfin, la baisse des transferts d'argent des travailleurs immigrés africains pourrait aggraver les déficits des balances des paiements et avoir des conséquences sur les liquidités des banques locales.

En somme, malgré quelques résultats positifs qui pourront se dégager, les plans de lutte contre la pauvreté vont en souffrir et le taux de chômage va augmenter. La croissance économique pourra être maintenue dans certains pays si la pluviométrie est au rendez-vous comme c'était le cas en 2008. Toutefois, pour l'ensemble de l'Afrique et notamment pour les pays pétroliers, il est fort possible que l'on observe un ralentissement de cette croissance suite à la baisse de la demande des matières premières et surtout du prix de ces produits. Ici, tout dépend des spéculateurs et des aléas climatiques.

3.2. Principaux enseignements et stratégie de développement

3.2.1. Les principaux enseignements

Pour le continent africain, la crise actuelle a fait apparaître un certain nombre de faiblesses et de facteurs de vulnérabilité qui devraient être corrigés pour éviter non seulement les chocs comme celui qu'on vit actuellement, mais aussi tirer avantage de la mutation actuelle du monde, notamment dans le domaine des finances.

En termes de leçons, la crise, révèle la nécessité de renforcer la réglementation du secteur financier en vue de renforcer ou de garantir la stabilité. Le continent africain doit prendre conscience de l'intérêt de cette réglementation du système financier.

Il faut noter qu'à court terme, la relance des économies africaines dépendra des déterminants internes de la croissance. Le continent africain doit relancer la mobilisation des ressources internes pour stimuler non seulement cette croissance, mais aussi l'investissement. Et, la résolution de ces problèmes passe nécessairement par des interventions stratégiques à différents niveaux, notamment ceux développés plus bas.

La seconde leçon, la plus importante à tirer de cette crise est la fin de la conception idéologique des marchés qui sous-tend le « Consensus de Washington » et la réhabilitation de l'Etat comme garant du bien-être sociétal. Au-delà même de l'Afrique, c'est-à-dire au niveau international, il s'avère indispensable de :

- repenser le rôle, l'architecture et la gouvernance de la globalisation économique et financière, de privilégier une approche coopérative ;
- renforcer la réglementation et la supervision du système financier au regard des innovations financières récentes ;
- examiner les avantages et les inconvénients d'un arrimage des monnaies africaines sur des monnaies fortes comme l'euro ou le dollar ;
- avoir une monnaie commune qui permettrait de résister davantage aux différents chocs exogènes ou mêmes endogènes.

Malgré son poids marginal dans l'économie mondiale qui interpelle au plus haut point ses décideurs, l'Afrique ne devrait pas s'exclure des discussions sur la réforme du système monétaire et financier international.

Au-delà de la nécessité de s'adapter aux défis de cette crise, les responsables africains devraient comprendre qu'un marché sans règles devient un casino qui permet aux plus forts de privatiser les bénéfices et de socialiser les pertes.

Par ailleurs, cette crise devrait être pour les africains et leurs dirigeants, le choc révélateur qui pousse à exorciser l'esprit de dépendance, à se réapproprier la réflexion sur le destin du continent et à mettre en place un Etat stratège dépourvu d'un rôle direct dans la production mais capable de mieux planifier, piloter et réguler l'économie. En un mot et de manière précise, l'Etat doit renforcer son efficacité dans la gestion de ses fonctions régaliennes, régulatrices et mieux suivre la gestion des activités concédées au secteur privé, notamment dans le secteur de mise en œuvre de l'eau, de l'électricité, des télécommunications et des transports. L'Afrique doit éviter de confier son destin aux *vagabonds de la charité*, car dans les relations entre nations, il n'y a que des intérêts, mais pas de sentiment.

3.2.2. Les stratégies alternatives de développement

Cette crise peut être un facteur favorable pour les pays africains au sud du Sahara pour initier de nouvelles stratégies de développement et de coopération.

3.3. Stratégie de développement

Depuis les indépendances, la stratégie de développement de l'Afrique a consisté à commercialiser ses productions à l'état brut : produits de l'agriculture (coton, café, cacao, arachide), gisements minéraux et miniers (pétrole, gaz, uranium, fer, or, etc.). De plus, elle a maintenu des relations économiques et politiques privilégiées avec l'ancien colonisateur, toutes choses qui ont contribué à l'empêcher de diversifier ses partenaires commerciaux et technologiques. Le résultat a été un développement faible, une politique perpétuelle de main tendue, un système éducatif désuet ne sachant produire que des chômeurs et des révoltés ; et la crise actuelle risque d'aggraver cet état de fait si les nouvelles opportunités ne sont pas saisies. C'est le moment pour les pays africains de revenir sur des principes allant dans le sens de consommer ce que nous produisons. Ce n'est pas du protectionnisme, mais une attitude de réalisme, car face aux normes, protections sanitaires et autres législations imposées par les pays développés, nous devons trouver des solutions qui soient à notre portée. Il faut que nous apprenions à « ***adorer ce que nous avons brûlé hier*** », c'est-à-dire, consommer ce que nous produisons.

3.4. Stratégies de coopération internationale

Avec la bipolarisation du monde au temps de la guerre froide, l'Afrique avait à choisir entre l'Est et l'Ouest. Dans les deux cas, cela a été un échec. Les anciens pays (Europe, Etats-Unis) sont essoufflés. Aujourd'hui, de nouveaux choix sont donnés au continent africain, notamment avec l'avènement de ceux que l'on appelle, les pays émergents : Chine, Inde, Brésil, Indonésie, Corée du sud, Taïwan, sans oublier la piste russe.

Ces pays offrent de nouvelles perspectives avec des investissements massifs et de nouvelles technologiques assez variées et à moindres coûts. Ils ont la capacité de résister mieux à la crise en développant des stratégies de consommation intérieure au regard de leur forte population. Ils ont aussi suffisamment accumulé des réserves de devises au cours de ces dernières années pour continuer à investir massivement dans les gisements miniers en Afrique. Les pays du Golfe ont aussi d'importantes réserves de devises, et la situation de faible rentabilité des capitaux dans les pays du nord peut les amener à chercher à investir en Afrique. Il s'agit là de quelques pistes (cf. Tableau) que l'Afrique devra explorer.

Tableau 5 : Situations alternatives pour les pays africains

Situation Variables	Favorable	Défavorable	Mixte	Observations
Sahélien		Coûts de transports	Aléas climatiques	
Exportations	Or	Coton		- Valeur refuge dont la demande va augmenter - baisse de la demande
Importations				Tout dépendra de l'évolution des prix et du taux de change
- Investissements directs étrangers - Aide	Baisse des taux d'intérêt	Accroissement des déficits budgétaires des pays du nord		- Loyer de l'argent moins cher - Réduction de l'aide
Taux de change			Fluctuations importantes	Si dépréciation de l'euro : - Accroissement des exportations des pays de la zone franc - baisse de leurs importations
Relations internationales	Chine, Inde, Brésil Pays du Golfe (Arabie Saoudite, Emirats, etc.)	Union européenne, Etats-Unis, Canada		- Les pays développés en crise se replient sur eux-mêmes ; - Les pays émergents ont des réserves importantes de devises et veulent des matières premières. Ils renforcent d'abord leur marché intérieur et conquièrent les marchés africains - Importants flux de capitaux vers les pays qui ont des stratégies claires de partenariat

3.5. Stratégies de long terme

Les politiques ci-dessus proposées se situent dans un cadre de court terme. Il est évident que pour des politiques véritables de développement, il faut élaborer des stratégies de long terme, fondées sur l'intégration régionale, le développement de la liaison agriculture-industrie dans un processus de transformation et de commercialisation des produits de l'agriculture. Dans cette dynamique, l'accent doit être mis sur les transports visant au désenclavement des régions à l'intérieur de chaque pays mais aussi entre pays. Des pôles de développement basés sur des avantages comparatifs inter états et intra états doivent se constituer.
Au-delà de ces questions purement économiques, il y a toute l'importance des ressources humaines qu'il faut développer et aussi le rôle de la recherche scientifique. D'ailleurs, les deux vont de pair. Un des problèmes majeurs actuels de l'Afrique, est qu'il n'existe apparemment pas une véritable stratégie de liaison recherche-développement. La politique d'éducation héritée de l'époque coloniale n'a pas fait l'objet d'un véritable changement afin de répondre au besoin de développement.

Dans la question de recherche-développement se trouve la relation science et technologie. La science entendue comme connaissance fondamentale de son objet précède la technologie entendue comme procédé de fabrication ou comme méthode d'un problème technique. La Science précède la technologie comme le *savoir - pourquoi* (know - why) précède le *savoir - faire* (know-how).

La mythologie grecque serait-elle incontournable en tant que moyen de connaissance et de compréhension du monde ? Le couple Prométhée et l'Homme de la caverne de Platon semble représenter les deux figures de la technologie et de la Science. Prométhée apporta le feu aux hommes, c'est-à-dire un produit ; l'homme de la caverne leur apprit comment accéder à la lumière de la Raison, c'est-à-dire comment répondre à la question du pourquoi (know-why). La science et la technologie participent de la même ambition : celle de sauver les hommes autrefois, et aujourd'hui, de leur donner un mieux-être grâce au développement.

La découverte scientifique et l'innovation technologique constituent aujourd'hui la base de la richesse et de la puissance des nations. Au XIXe siècle, l'économiste anglais Adam Smith, s'interrogeant sur " *la véritable richesse des nations* " répondait que c'est le " *facteur travail* ". C'est grâce à ce travail qu'il y a des découvertes scientifiques et des innovations.

La découverte scientifique et l'innovation sont soumises à des conditions préalables qui sont celles de l'existence d'un personnel scientifique nombreux, diversifié et hautement qualifié.
La découverte est le résultat de la recherche scientifique. Or, la recherche est un processus, une activité de quête objective de connaissances.

Nous savons que l'objet de toute science est la connaissance afin de comprendre le monde. Ainsi, la science se définit comme un ensemble logique de connaissances avec pour but la découverte des lois objectives des phénomènes et d'en trouver les solutions.

C'est cette définition de la Science qui permet aussi d'établir le lien entre recherche et développement.

En effet, la connaissance scientifique de la réalité, plus précisément des lois naturelles, économiques et sociales et les mécanismes de leur fonctionnement, est nécessaire pour l'élaboration d'une stratégie efficace susceptible de conduire à la maîtrise du développement technologique, économique, social et culturel. Cette connaissance de la réalité ne suffit pas, il faut également construire des théories capables de permettre la compréhension des potentialités et des possibilités de transformation des structures de la société.

Le lien entre recherche et développement se vérifie dans la capacité de la recherche à produire des résultats utiles pour la transformation du réel, conformément au projet de société à construire et à la stratégie de développement à mettre en œuvre.

C'est fort de cela que nous avons tenu à examiner la présente crise à la lumière de la théorie économique et des faits économiques, c'est-à-dire la Socioéconométrie afin de montrer aux responsables africains que la crise actuelle n'est pas le fait du hasard, mais de l'action de l'Homme à travers ses théories et ses pratiques et que sa résolution doit aussi suivre la même logique.

CONCLUSION

Au terme de cette présentation, nous avons voulu comprendre les causes, les conséquences, les mesures prises par les pays développés et l'éclairage théorique qui sous tend chaque mesure, chaque politique économique. C'est vrai que ce Précis n'est pas un instrument de vulgarisation, mais un outil de réflexion au service des intellectuels, car comme disait Patrice Lumumba, *il arrivera un jour où l'Afrique écrira sa propre histoire et qui ne sera pas celle qui vient de Bruxelles, ni de Paris.* Pour l'Histoire, c'est chose faite, mais pour l'Economie, nous en sommes encore au stade de balbutiement. Le présent travail est un message en direction des politiques, des décideurs et des intellectuels africains. C'est un guide pour la réflexion et l'action dans une approche systémique.

Que pouvons-nous retenir ? D'abord, le soubassement théorique qui sous tend chaque politique économique. De Keynes à Friedman, comment la pensée de chacun a eu un impact sur les politiques économiques des gouvernements en place dans les pays du Nord et leurs extensions aux pays du Sud. Ensuite, les réactions des pays développés face à la crise, chacun puisant dans l'arsenal des théories économiques en présence. Et de nous interroger, l'Afrique doit puiser dans quel arsenal ? Dans ces politiques, on a noté le retour sans détour de l'Etat comme régulateur, modérateur et moralisateur de l'activité économique. Ce qui est en contradiction avec les développements de politiques économiques de ces pays au cours des vingt dernières années qui recommandaient une économie sans gouvernail, exclusivement guidée par le marché. Nous assistons à une renaissance de l'analyse keynésienne, et nous devons l'approfondir et l'adapter aux réalités de nos pays d'Afrique au sud du Sahara.

Il est ressorti clairement, dans tous les développements que nous avons faits, l'importance de la théorie dans la compréhension des phénomènes économiques. Tour à tour, nous avons vu, pourquoi l'Etat devait intervenir, quel est le rôle de la politique monétaire notamment à travers le maniement des taux d'intérêt. Dans le même temps, nous avons essayé de comprendre quelle pourrait être l'incidence de chaque politique dans la résolution de la crise. A cet égard, nous avons traité de la question de l'inflation dans le contexte d'une injection massive de monnaie. Nous avons examiné aussi leurs incidences sur le déficit budgétaire, et relever également les contradictions avec la thèse que ces pays défendaient jusqu'alors.

S'agissant de l'Afrique, tout en montrant les réactions timides qui ont eu cours au début et les mesures qui sont en train d'être prises, on a relevé que le continent était en fait sans défense, parce que trop dépendant à tout point de vue des pays développés. Dépendante intellectuellement, dépendante technologiquement, dépendante financièrement, dépendante économiquement, dépendante même militairement. Si à court terme (un an), les incidences de la crise ne vont pas être très perceptibles, à moyen terme (2 à 5 ans), les répercussions vont être très dures pour le continent ; encore, que nous avons montré que les caractéristiques de ces économies étant très différentes, les incidences ne vont pas apparaître au même moment et avec la même ampleur.

En conclusion, la principale leçon que nous pouvons tirer, est comme le dit un adage africain, *quand on est couché sur la natte du voisin, on peut dire qu'on est couché par terre.* La preuve est que les pays développés ne se sont préoccupés que de leur propre sort. Cela n'a pu se faire qu'à cause des différentes dépendances de l'Afrique dont nous avons parlé plus haut.

Cette Afrique saura-t-elle tirer les leçons que les pays développés viennent de lui donner ?

BIBLIOGRAPHIE

1. AFP (23/08/08) : les USA : l'ampleur du ralentissement immobilier à devenir inquiétante – internet

2. AFP (24/08/08) : le ralentissement immobilier risque de déteindre sur toute l'économie – internet

3. AFP : dépêche du 22/11/08 in internet de 11h41

4. Allais, M. (1999) : La mondialisation, la destruction de l'emploi et de la croissance. Ed. Clément Juglar, Paris

5. Banque Africaine de Développement (2009) : « L'effet de la Crise Financière Mondiale sur l'Afrique » *Working Paper Series* N° 96, mars.

6. Barro, R. J. (1974) : "Are government Bonds Net Wealth ?", *Journal of Political Economy* (Nov./Dec.)

7. Baumol W.E et Tobin J. (1952): "The Transactions Demand for Cash: An Inventory Theoretic Approach". *Quarterly Journal of Economics*, nov. 1952.

8. Bhaduri A. et Marglin, S (1990): "Unemployment and the real wage: the economic basis for contesting political ideologies", *Cambridge Journal of Economics*, no. 4, volume 14, pp. 375-93

9. Bhaduri A. et Marglin S. (1990): "*Profit Squeeze and Keynesian Theory*", in S. Marglin et J. Schor ; The Golden Age of Capitalism, Clarendon Press, Oxford.

10. Berthomieu C. et Ehrhart C. (2000) : « *Le néostructuralisme comme fondement d'une stratégie de développement alternative aux recommandations néolibérales* », Economie Appliquée, tome LIII, n° 4.

11. CEA (2008) : Rapport économique sur l'Afrique 2008 : l'Afrique et le consensus de Monterrey, Addis Abeba

12. Chukuwana S (2008), cité par Bolya Baenga : crise financière mondiale : horrible silence de l'Afrique dans htt//www.infordelplande.org/4726 – Infos de la planète. Afrik ;com du 24/10/08

13. Davis, E.P. (1995): "*Financial Fragility in the Early 1990s - What Can Be Learnt from International Experience?*", FMG Special Papers sp76, Financial Markets Group

14. Davis, E.P. (1995): "*Institutional Investors, Unstable Financial Markets and Monetary Policy*", FMG Special Papers sp75, Financial Markets Group

15. El Ayam (2008) : crisse financière mondiale ou échec du capitalisme – Journal algérien du 04/12/08

16. Feldstein, M. S. (1982): "Government deficit and aggregate demand"; *Journal of Monetary Economics*, vol. 9

17. Feldstein, M. (1982): "Inflation, Tax Rules and Investment: Some Econometric Evidence" *Econometrica, Econometric Society*, vol. 50(4), pages 825-62, July

18. Fisher I.(1911): "*The Purchasing Power of Money*".

19. Fisher I. (1933): "*The Debt-Deflation Theory of Great Depressions*", Econometrica.

20. Fisher, I. (1930) : *The theory of interest*, Macmillan, New York

21. Friboulet, J.J. (2008) : "*L'effectivité des normes sociales internationales dans l'activité économique*", Zürich, Bruylant & L.G.D.J & Schulthess, 2008.

22. Friboulet, J. J. (2008) : Crise financière et inflation : l'actualité de la pensée keynésienne, N°404 in Chaire d'Histoire économique et d'Economie du Développement, htpp//www.unifr.ch/heed

23. Friedman, M. (1983) : "*Prix et théorie économique*", Economica, 1983.

24. Friedman (1976) : Prix et théorie économique, Tendances actuelles aux Ed. Economica

25. Friedman (1971) : Capitalisme et liberté, aux Ed. Robert Laffont, paris

26. Friedman, M. (1968) : "*Inflation et systèmes monétaires*", Calmann Lévy, Paris, 1969

27. Friedman, M. (1963) : Capitalism and Freedom; The Chicago University press

28. Friedman, M. et Stigler (1946): "*Roofs et Cellings ? The Current Housing Problem*" (Great Barrington, Mass, cité par Léonard Silk (1978) in Après Keynes, 5 Grands Economistes, dans Tendances actuelles.

29. Gibson A. H.(1923) : "The future course of High Class Investment". *Banker's Magazine* (London), 115; 15-34

30. Haavelmo, T. (1945) : "Multipliers effects of a balanced budget", *Econometrica*, vol 13, octobre, p. 311-318

31. Hu (2009) :Premier Ministre chinois, discours à la réunion du G.20 à Londres- mars 2009-08-21

32. Institut mondial de Recherche sur l'Economie et le Développement de l'Université des Nations Unies (UNU- WIDER), 2006

33. Jayaratne, J. et Strahan, P. E. (1997): "*Entry restrictions, industry evolution, and dynamic efficiency: evidence from commercial banking*," Staff Reports 22, Federal Reserve Bank of New York.

34. Juglar, C. (1999) : "*La mondialisation : la destruction des emplois et de la croissance*", éd. Clément-Juglar.

35. Kalecki M. (1955) : "El problem del Financiamento delsarrollo Economico". *El Trimestre Economico* n°4, Vol.21

36. Kassé, M. (2008) : la crise financière : comment et quels effets sur l'Afrique ? site www.mkasse.com , septembre 2008

37. Keynes, J.M. (1936): "*The General Theory of Employment, Interest and Money*", Macmillan, Paris.

38. Laffer, A. (1979): *The Economics of the tax revolt*, ed. Arthur B. Laffer and Jon P. Seymour (New York: Harcourt, Brace, Jovanovich)

39. Laidler, E.W.D. (1974) : "*La demande de monnaie : théories et vérifications empiriques*", Dunod, 1974, Paris.

40. Lavoie, M. (2003): "*Government deficits in simple Kaleckian models*", in H. Bougrine (éd.), The Economics of Public Spending: Debts, Deficits and Economic Performance, Cheltenham and Northampton , Edward Elgar, pp. 122-34

41. Le Courrier du 22/91/08 in www.lecourrier .ch.

42. Le Monde (2009) : les mesures de la crise économiques arrêtées par le G.20 à Londres – 11/03/09

43. Le Monde (2008) : crise financière et maintenant la déflation - 19 novembre 2008

44. Maburuki, T. R. (juin 2009) « L'impact de la crise financière et économiques sur les économies africaines, cas du Sénégal. La réponse du PNUD

45. Montega, G. (2008), cité par Bolya Baenga : crise financière mondiale : horrible silence de l'Afrique dans htt//www.infordelplande.org/4726 – Infos de la planète, Afrik ;com du 24/10/08

46. MorrissonC. (1992) : *Ajustement et Equité*, Centre de développement de l'OCDE : Cahiers de politique économique, n°1, Paris

47. Moudud, J.K. (2002): "*State policies and the warranted growth rate*", Working Paper no. 349, Levy Economics Institute of Bard College.

48. Noyola Vasquez J. (1956) : "El desarollo economico y la inflacion en Mexico y otros paises latino-americanos", *Investigacion Economica*, vol 16, n°4.

49. OCDE (2008) : Prévision alarmante de l'OCDE pour l'économie mondiale en 2009- AFP du 25/11/2008

50. Organisation Mondiale du Tourisme : *Le tourisme mondial touché par la crise économique mondiale* in http//www.adrets.actualites.htm – Association pour le Développement de la Recherche et des Etudes sur les Tourismes

51. Ossadchaia I. (1975) : De Keynes à la synthèse néoclassique. Ed. u Progrès, URSS, traduit du russe par M.I. Vlehnevskaïa

52. Palley, T.I. (1998): "Macroeconomics with conflict and income distribution", *Review of Political Economy*, no. 3, volume 10, pp. 329-42.

53. Phillips (1958) : the relation between unemployment and the Rate of Change of Money Rates in the United Kingdom, 1861-1957, Economica

54. Polak J.J. (1957) : "Monetary analysis of income formation and payments problem", *IMF, staff papers*, volume VI (1957-1958)

55. République Française (2008) : Activités du FMI et de la Banque mondiale en 2007/2008

56. Say, J. B. (1803) : "*Traité d'économie politique ou simple exposition de la manière dont se forment, se distribuent ou se consomment les richesses*", Paris Calmann-Lévy Éditeur, Collection Perspectives de l'économique

57. Scholes, M. S. (2000): "Crisis and Risk Management", *American Economic Review*, American Economic Association, vol. 90(2).

58. Schumpeter, J.A. (1911): "*The Theory of Economic Development*", The Harvard University Press, Cambridge, Mass., 1934. (HB175-S462).

59. Silk, L. (1978) : Après Keynes : 5 Grands Economistes, Tendances actuelles, aux Ed. d'organisation.

60. Sunkel, O. (1960): "*Inflation in Chile: an unorthodox approach*", in International Economic Papers, n°10, 1960.

61. Taylor, L. (1983): "*Structuralist macroeconomics*", Basic Books, New York

62. Thiombiano, T. (1996) : "*vers une nouvelle approche en économie politique : la socioéconométrie*", Ouagadougou, PUO/CASE.

63. Thiombiano, T. (1993) : "*Les Modèles Macroéconomiques Orthodoxes d'Ajustement et de Développement : Questions Théoriques et Résultats dans l'Agriculture en Afrique Sub-saharienne*", Projet CEDRES-LAVAL

64. Thiombiano, T. (1993) : Inadaptation des Programmes d'Ajustement structurel à l'Afrique : cas l'agriculture – CEDRES/Laval, Série Conférences n°35, juin 1993

65. Tobin, J. (1958) : "Liquidity preference as behaviour Towards Risk", *Review of Economic Studies* (Febrary)

66. Triffin R. (1960) : "Gold and the dollar crisis. The future of convertibility". *The Economic Journal*

67. Van Wijnbergen S. (1983): "Credit Policy, Inflation and Growth in a Financially Repressed Economy", *Journal of Development Economics*, vol. 13

68. Wicksell K (1898) : "*Geldzins und Güterpreise. Eine Untersuchung über die den Tauschwert des Geldes bestimmenden Ursachen. In Gustav Fischer*" (tr., 1936: Interest and Prices. A Study of the Causes Regulating the Value of Money, London: Macmillan).

69. Wikipedia (2002) : Encyclopédie

70. You Jong-Il et Dutt Amitava Krishna (1996) : "Government Debt, Income Distribution and Growth", *Cambridge Journal of Economics*, Oxford University Press, vol. 20(3).

71. Zingales, L. et Rajan, R. G. (2003) : "*Banks and Markets: The Changing Character of European Finance*", NBER Working Papers 9595, National Bureau of Economic Research, Inc.

TABLE DES MATIERES

L'HARMATTAN, ITALIA
Via Degli Artisti 15 ; 10124 Torino

L'HARMATTAN HONGRIE
Könyvesbolt ; Kossuth L. u. 14-16
1053 Budapest

L'HARMATTAN BURKINA FASO
Rue 15.167 Route du Pô Patte d'oie
12 BP 226 Ouagadougou 12
(00226) 76 59 79 86

ESPACE L'HARMATTAN KINSHASA
Faculté des Sciences Sociales,
Politiques et Administratives
BP243, KIN XI ; Université de Kinshasa

L'HARMATTAN GUINEE
Almamya Rue KA 028 en face du restaurant le cèdre
OKB agency BP 3470 Conakry
(00224) 60 20 85 08
harmattanguinee@yahoo.fr

L'HARMATTAN COTE D'IVOIRE
M. Etien N'dah Ahmon
Résidence Karl / cité des arts
Abidjan-Cocody 03 BP 1588 Abidjan 03
(00225) 05 77 87 31

L'HARMATTAN MAURITANIE
Espace El Kettab du livre francophone
N° 472 avenue Palais des Congrès
BP 316 Nouakchott
(00222) 63 25 980

L'HARMATTAN CAMEROUN
Immeuble Olympia face à la Camair
BP 11486 Yaoundé
(00237) 99 76 61 66
harmattancam@yahoo.fr

L'HARMATTAN SENEGAL
« Villa Rose », rue de Diourbel X G, Point E
BP 45034 Dakar FANN
(00221) 33 825 98 58 / 77 242 25 08
senharmattan@gmail.com

632625 - Décembre 2015
Achevé d'imprimer par

1livre.com
du rêve à la réalité !

www.ingramcontent.com/pod-product-compliance
Lightning Source LLC
LaVergne TN
LVHW021237061026
849535LV00008B/3094